Sylt

Faszination Sylt

Ekkehard Klatt (Hrsg.)   Siegfried Layda (Fotos)

Weltbild

Ekkehard Klatt lebt seit 1961 in Nordfriesland und arbeitet als promovierter Geologe und Geotouristiker auf Sylt, auf Helgoland, in Skandinavien und der Republik Südafrika. Klatt unternimmt seit 1998 Wanderungen mit Gästen auf Sylt, ist seit 2015 als Reisebegleiter für die Hurtigruten in Norwegen tätig und betreut seit 2016 im Rahmen der Nationalpark-Partnerschaft Gäste am Wattenmeer.

Siegfried Layda, technisches Fachhochschulstudium, danach langjähriger Aufenthalt in Afrika. Dort widmete er sich einer autodidaktischen Fortbildung im Bereich der Fotografie mit Fernstudium (Famous Photographers School). Nach seiner Rückkehr besuchte er die Freie Kunstschule Wiesbaden. Seit 1988 ist er als Foto-Designer tätig.

Ernst Penzoldt (1892-1955) war deutscher Schriftsteller, unter dem Pseudonym „Fritz Fliege" auch Bildhauer, Maler, Zeichner und Karikaturist.

Georg Quedens, geb. 1934 in Norddorf auf Amrum, lebt auf seiner Heimatinsel als freiberuflicher Schriftsteller und Fotograf.

Fritz J. Raddatz (1931-2005) war Feuilletonist; Essayist, Biograf und Romancier.

Hartmut Schiller, geb. 1957, ist Historiker (M.A.) und leitet seit 1998 die Akademie am Meer Klappholttal auf Sylt.

Carsten Stick, geb. 1948, Promotion und Habilitation (1986) in Kiel, seit 1997 Professur für Medizinische Klimatologie an der Christian-Albrechts-Universität, bis 2013 Direktor des gleichnamigen Universitätsinstituts mit einer Außenstelle in Westerland auf Sylt.

Inhalt

Faszination
Sylt

Fritz J. Raddatz

Ein Wunder namens Sylt

Dinieren Möwen? Küssen Quallen? Wispern Igel? Jedenfalls ist es ein eigenartiges Bild, die Möwen – exakt zu den wechselnden Gezeiten – bei Niedrigwasser an den muschelverklebten Buhnen hocken zu sehen, eine weiß gefederte Welle, die sich im Rhythmus der Wogen hebt und senkt, von der Tafel aber nicht ablässt. Jedenfalls ist es ein eigenartiges Spiel, das die Quallen mit ihren rosa geränderten „Lippen" bieten, fließend aufeinander zu und voneinander weg; tanzen sie ihren Wogen-Tango aus Wollust? Jedenfalls ist es von erstaunlicher Gemütlichkeit, wenn die September-Igel – wie verabredet – gegen Abend gemeinsam aus ihren Verstecken hervortrippeln und, sich ihrer Stachelwehr bewusst, Pfade und Wege überqueren.

Sylt ist ein nicht enden wollendes, sich ständig erneuerndes stetes kleines Wunder: ob die zartlila Dünenveilchen – winzige Biedermeier-Stiefmütterchen – im vom Sonnenglast ausgedorrten Sand, der bunte Schatten, den die im rasenden Frühjahrswind grün-gelb-orangefarbenen Splitterscherben von gegeneinander scheppernden Ostereierbäumen werfen, oder der bleiche Finger des Leuchtturmfeuers, der durch den Novembernebel streift, als wolle er die Dünengespenster herbeistreicheln. Manchmal, in den Sommernächten, gibt ein schweigendes Meer weit draußen Sandrippen frei, der Wind schält Fetzen von der Haut des Meeres, und die winzigen Vögel, die Strandläufer in ihrer possierlichen Emsigkeit, bilden ein flatterndes Hohlsaummuster; manchmal hängen die Regentropfen wie Glasperlen im windgeschützten Dünengras, und dann wieder rinnt der Tau an den roten Hagebutten im Zwergenwald mit seinen kleinen kandierten Äpfeln wie flüssiger Zucker herab.

Das Meer erzählt seine Märchen, sie haben je einen anderen Klang, eine immer andere Farbe, wechselnd zu jeder Jahreszeit. Mal sieht man, bei Pulverschnee, muschelförmige weiß gepuderte Fußabdrücke – die aber, als seien die Spaziergänger entschwebt, nirgendwohin weiterführen dort, wo kein Schnee hinwehte, in jenen hohen Himmel, an dem die Möwen kokett protzig blitzenden Lalique-Schmuck tragen: Das sind die gefrorenen Seesternchen, in deren Eisschicht sich das Licht der fahlen Wintersonne bricht. Ja, die kalte Wintersonne; ihr rufen die weiß geplusterten Wogen zu: „Komm, kühle Scheibe, wir hüllen dich ein, unsere Steppdecke wird dich wärmen." Die kühle Scheibe aber schneidet lieber ihre tiefschwarzen Schatten in die Dünen, dräuende Segel der Seeräuber, die wohl in der Nacht vor Heiligabend die Diamanten, Picasso-Lithos und das Sèvre-Porzellan rauben werden, die unter den Weihnachtsbäumen der Strandvillen liegen sollten.

Die ständig wechselnde Naturwelt ist das Raunen von Sylt, dem ich verfallen bin: Es kann dünn und kärglich sein im kaum sich hervorwagenden Vorfrühling, wenn über dem schlohweißen Strandhafer – kein Bleike Bleikensen kann so blond sein – die ersten hellgelb-grünen Weidenkätzchen nach der Sonne lecken und die nachgepflanzten Bäumchen mit ihren drei Kummertrieben sich in Plastikschatullen verstecken, der Kaninchen wegen. Sylt kann theatralisch sein, etwa ein schwarzes Paillettenkleid, leicht grünlich schillernd im abendlichen Mailicht, eine Abendrobenkrinoline, die sich im Spiegel des Wassers wiegt: die muschelbewachsenen Betonpfeiler der Buhnen. Und es kann rauschhaft sein, Sylt im Juni: Eine ganze Insel duftet nach Rosen, die Lupinen – wohl außer Dahlien die einzige Blume, die an einem Blütenstand verschiedene Farben trägt – in ihrem Goldorange mit Lila, Rosa, Weiß, Gelb und Bordeauxrot fast künstlich prunkend, während Keitum (das Dorf, in dem sich einst Kapitäne zur Ruhe setzten, im 18. Jahrhundert Hauptort der Insel, die nur per Postsegler oder im Winter mit dem Eisboot zu erreichen war) im vielfarbenen Kissen aus blühenden Kastanien, Flieder, Rhododendron, Klatschmohn und Weißdorn ruht: ein Juwel in schimmerndem Blütensamt, darüber Wasserfälle von Goldregen.

Doch Märchen, bekanntlich, können auch giftig sein. Hat man sich eben noch staunend erfreut an Pflanzen, deren Namen aus versunkener Zeit herüberzuklingen scheinen – Krähenbeere und Glockenheide, geflecktes Knabenkraut und Lungenenzian, Ährenlilie und Besenheide, Strandsalzmiere und Sonnentau, Bergsandglöckchen und Sumpfbärlapp –, kann man sich schon in der Hautklinik wiederfinden: Der so prachtvoll sein betörend duftendes Blütendach über sich wölbende Bärenklau ist so giftig, dass nur Feuerwehrleute in Spezialkleidung ihn roden können – einen Stiel mit der Hand gebrochen oder nur die scharfzackigen dekorativen Blätter gestreift, und schon erleidet man schwerste Hautverbrennungen.

Da widersteht man alsbald der adoleszenten Begierde, die blonden Kornähren auf den spätsommerlichen Äckern zu Zöpfen zu flechten, steht lieber in gesicherter Entfernung, um die zotteligen Galloway-„Bären", mächtige schwarz gelockte Rinder, beim Weiden zu beobachten – oder ein Apfelschimmelfohlen, so niedlich-ungelenk vor dem schwarz-weiß gestreiften Leuchtturm von Kampen, als habe die Kurverwaltung es eigens dort hingestellt. Im September dann, unter der schon müder werdenden Sonne, verändern sich die Wiesen zu Baumwollfeldern aus Mississippi – die hoch wogenden Disteln haben puschelige weiße Flocken angesetzt; wer Glück hat, kann kleine stämmige Pferde – welche Rasse mag das sein? – beobachten, die dazwischen in Pampuschen einherstapfen; sie haben an den Fesseln zottelig wehendes Fell.

„Sylt ist tausendmal schöner als Wangeroog", schreibt schon Siegfried Jacobsohn 1920 an Kurt Tucholsky, „und ebenso viel mal mehr Nordsee"; und nach einem Besuch Thomas Manns in seinem Haus in Kampen schreibt der Kritiker, der sommers seine „Weltbühne" von hier aus redigierte: „Tatsächlich hat ja Westeuropa zwischen Hammerfest und Gibraltar nicht ihresgleichen" über die Insel, der er „Sonne und Seligkeit" verdankt; schon die Anreise – damals noch per Schiff – versetzt den gewieften Berliner in eine Art Taumel: „Für die Überfahrt übers Wattenmeer geb ich das ganze Engadin hin und bin meines Handels froh. Ich bin so berauscht, daß ich keine drei Minuten fest auf dem Stuhl sitzen kann."

Ob man seinerzeit am Hafen von Munkmarsch die Ankömmlinge schon mit jenem legendären, Neulinge nach wie vor verblüffenden „Moin, Moin" begrüßte, dessen Herkunft wie Bedeutung höchst umstritten ist? „Guten Morgen" heißt es nicht, auch wenn Besucher, denen des Landes Brauch fremd ist, sich über diesen Gruß, wenn am späten Abend dargeboten, bass verwundern. Die eine Erklärung sagt, die Redewendung käme von der Seefahrt her und bedeute „guten Wind", eine andere, es sei von dem dänischen Mojen abgeleitet; umstritten ist auch, ob die Wortkargheit der Nordfriesen es auf ein einmaliges „Moin" abgekürzt hat, weil diese gern mit einem geringen Wortschatz, also auch mit einer Kürzestformel der Begrüßung auskommen und „schön" auf Friesisch „moi" heißt – an der allzu weitschweifigen Doppelung erkenne man die Leute aus so fernen Ländern wie Schleswig-Holstein oder Hamburg.

Indes wiederum meine Sylter Autowerkstatt mit einem aufgedruckten „Moin, Moin" auf der Visitenkarte wirbt. Wie auch immer. Aber was mag es nun sein, was seit vielen Jahrzehnten – schon der neben Rosa Luxemburg Mitbegründer der Kommunistischen Partei, Franz Mehring, war Anfang des 20. Jahrhunderts viel, lange und gern auf Sylt – ganz besonders zahlreich Intellektuelle, Künstler, Schriftsteller auf diese Insel zog? Ist es jener Einsamkeitsmagnetismus, wie ihn Alfred Andersch schildert, der das Eiland mit den Felsen von Cap Finisterre und den schweigenden Reihern der Camargue vergleicht? „Ich ziehe mich gern in Wildnisse zurück. Ich meine damit die Uferlinie des Wattenmeers bei Kampen, sich zu den Dünen aufschwingend, hinter denen der Donner der Oktoberbrandung sich ankündigt."

(…)

Mein Sylt (…) beginnt ziemlich genau fünf Gehminuten von Kampens „Whiskymeile" entfernt. Als sei da ein Zaun gezogen mit dem Schild „Zutritt verboten" – so jäh einsam ist bereits der Weg zum und am Kampener Watt. Da umfängt den Spaziergänger eine geradezu bestürzende Stille.

Anders als am meist brandungswütenden Meer herrscht hier zur „L'heure bleue" – je nach Jahreszeit mit unterschiedlichem Beginn: Mai und Juni erst spät, so um 19 Uhr herum, im September schon am Nachmittag – eine Art vielstimmiges Schweigen, dessen Wispern sich zusammensetzt aus dem Schirpen des Schilfs, dem schleifenden Flügelschlag der Möwen, dem Gunksen des auf dem Sand spielenden Wassers; „die Rille unbelauscht", schrieb Paul Celan einmal.

Schwer zu definieren, worin das Betörende, die Melancholie dieser meist menschenleeren Landschaft besteht, deren Horizont sich im Frühsommer unendlich dehnt – der Himmel gleicht dem Perlmutt einer umgestülpten Riesenmuschel, graugrün und mit zarten Fäden von Rosa und Violett durchzogen. Dünen gibt es auch anderswo, Möwen kreischen an jedem Meer, und auch Ginster soll, wie man hört, in anderen Landschaften blühen. Und dennoch: Diese Mischung aus südlichem Glast, wenn die Sonne die Luft über den endlos scheinenden Stränden sirren macht, und nördlicher Störrischkeit (nirgendwo, so scheint mir, hat der Ginster so harte, spitze und lange Dornen) – diese Mischung öffnet der Seele Fenster. Es ist nicht die – wahrlich schöne – Weichheit der lavendelduftenden Provence, wenn im Juni die ganze Insel erfüllt ist vom Duft der blühenden Heckenrosen, und es ist auch nicht die – wahrlich bizarre – surreal anmutende schwarze Härte der Lavastrände von Lanzarote, wenn sich bei Niedrigwasser die Sandbänke wie dunkel glänzende Wale hervorbuckeln und hochmütig nickend die Austernfischer mit ihren roten Beinen darüber hinstelzen. Es ist, was es vielleicht gar nicht gibt: deutsch undeutsch. Diese morgendlich herankriechenden Seenebel, gegen Mittag von der Sonne aufgeleckt; diese lila mit Heidekraut wattierten Mulden, in denen abends pünktlich die Kaninchen äsen; und diese Greisenfalten des Roten Kliffs, die Jahr um Jahr tiefere Furchen zeigen: Das gibt es nur einmal auf der Welt.

Das Ganze ist mehr als die Summe seiner Teile. Wo gäbe es das nicht auch: Vollmondnacht, Gischt und Tanggeruch. Aber wie hier, am Kliff von Morsum, plätschernd das Wasser nach einem grapscht, eine unheimlich singende Meeresversion des „Erlkönig" erklingen lässt; und wie hier der Himmel aufgerissen wird, schweigend und zerspleißend zugleich wie Seide, wenn die Vögel im Naturschutzgebiet des Rantumer Beckens ihn schneiden: Das gibt es nur hier auf der Welt. Vor Jahren war auf Sylt ein grimmiger Winter, meine Haustür vom Schnee zugeweht und die Wasserleitung zerfroren. Ich hatte einen Gast aus Spanien. Wir gingen am Kampener Strand spazieren, entlang einer zwei Meter hohen Wand aus grünem Glas: das waren die gefrorenen Wellen, durch die eine tief stehende fahle Sonne schien, von der aufspritzenden Gischt immer wieder verwölkt. Da sagte der Herr aus Andalusien, einen Tag vor der Rückreise nach Berlin: „Morgen fahre ich nach Deutschland zurück."

Vom Meeresrauschen begleitet: Blick vom berühmten Roten Kliff gen Norden

Hoch über der Düne: Wanderweg von Wenningstedt nach Kampen

Dramatische Wolkenstimmung vor dem Leuchtfeuer List West

Vor Westerland: „Das Meer erzählt seine Märchen, sie haben je einen anderen Klang, eine immer andere Farbe …" (Fritz J. Raddatz)   18

Winterstimmung am Roten Kliff

Der Himmel über Sylt

Carsten Stick

Wetter, Wind und Wolken

Der Himmel über Sylt – ist er denn anders als, sagen wir, über Hamburg, Düsseldorf, Frankfurt, München oder Berlin? Freunde und Besucher der Insel werden genau das behaupten. Woran kann das liegen und gibt es objektive Argumente dafür? Zweifellos gibt es eine subjektive Komponente: Der weite Horizont, die freie Sicht über das Meer lenkt stärker als in den Städten und im Binnenland den Blick und die Aufmerksamkeit auf den Himmel. Urlaubsstimmung macht den Betrachter empfänglich für die Naturschauspiele, die vor seinen Augen aufgeführt werden. Und natürlich spielt der Blick auf den Himmel über Sylt immer auch eine wichtige Rolle für die Wetterprognose.

Das Sylter Wetter

Manchmal lässt sich schon einen Tag zuvor voraussagen, wie sich das Wetter entwickeln wird. Schließlich kann man vom westlichen Dünenwall der Insel schon bis zum Horizont etwa 20 Kilometer weit gucken. Wolken in 500, 1000 oder gar 8000 Metern Höhe sieht man bis in einige Hundert Kilometer Entfernung. Diese „Fernerkundung" führt bei Besuchern, die bei bestem Sommerwetter einen schönen Sonnenuntergang erwarten, gelegentlich zu Enttäuschung, wenn die Sonne kurz vor dem Versinken im Meer doch noch von einer fernen Wolkenbank verdeckt wird. Manchmal aber kann die Prognose durch den Blick an den Himmel auch nur gerade für die nächste Stunde reichen. Denn wenn etwas für den Himmel über Sylt typisch ist, dann ist es der Wechsel. Objektiv ist es der ins Meer vor die Küstenlinie geschobenen Lage Sylts geschuldet, dass sich der Himmel über Sylt tatsächlich häufig anders darstellt als über dem „Festland" – wie die Sylter zu

Hinter der Wolkenwand: die Sonne kurz vor dem Versinken im Meer

Schleswig-Holstein sagen – oder gar tiefer im Binnenland. Das gilt für Hoch- und Tiefdruckwetterlagen.

Das Ende einer Schönwetterperiode kündigt sich oft über dem Horizont im Südwesten an: Der blaue Himmel wird zunehmend milchig weiß, die Feuchtigkeit in der Atmosphäre nimmt zu, die Sicht trübt ein, der Wind dreht von Ost über Süd auf Südwest, vermehrt ziehen zunächst hohe Wolken, dann auch tiefe Regenwolken auf. Der Wind wird stärker, es beginnt zu regnen. Die beim Durchzug einer solchen typischen Warmfront vorherrschende Windrichtung hat übrigens dem Regenhut der Fischer und Seeleute ihren Namen gegeben: „Südwester".

Aber anders als beispielsweise im Staubereich der Mittelgebirge ziehen die Fronten meist schnell über Sylt hinweg. Bald lichten sich die Wolken etwas. Der Regen hört auf. Der Wind dreht westlicher. Ja, das Wetter verspricht schön zu werden. Der Warmfront folgt schließlich im idealen regelhaften Ablauf eines Tiefdruckgebiets der Warmsektor. Doch diese Wetterbesserung ist auf Sylt meist nur von kurzer Dauer. Bald zeigen sich am Himmel typische Schauerwolken. Gewaltige Türme hoch aufragender Wolken nähern sich und bringen böigen Wind und prasselnden Regen. Auf Sylt beschreibt der Ausdruck „der Regen fällt" die Verhältnisse allzu oft recht unzureichend: Während solcher Schauerböen kann man tatsächlich den Eindruck haben, dass der Regen nicht fällt, sondern vom Wind getrieben eher horizontal fliegt und gegen alles prasselt, was sich ihm in den Weg zu stellen wagt. Während dieses Schauerwetters hinter der Kaltfront ist der Blick zum Himmel und über das Meer für die Kurzzeitprognose der nächsten viertel bis halben Stunde oder vielleicht auch der nächsten Stunde hilfreich. Denn Sonnenschein und Schauer wechseln sich ständig ab. Das Wetter

kommt ungebremst von der See herein. Früher oder später lassen die Schauer nach. Die Luft ist klar. Der Horizont erscheint als scharf gezogene Linie. Der West- oder Nordwestwind schafft reine Seeluft herbei.

Im Unterschied zum Festland sind die Wechsel auf Sylt besonders markant. Oft heitert es hier schon auf, während sich über dem Festland noch die Wolken türmen.

Auch bei der typischen sommerlichen Schönwetterlage, bei der Ostwind vorherrscht, lässt sich häufig beobachten, dass über Sylt der Himmel wolkenlos bleibt, während sich über dem Festland im Laufe des Tages Quellwolken bilden, deren Entwicklung zu hohen Türmen man beim Blick über das Wattenmeer aus der Ferne zuschauen kann. Während über dem Festland aus diesen Quellwolken nachmittags sogar lokal Schauer fallen können, bleibt der Himmel über Sylt und über der Nordsee weitgehend heiter. Wenn der Wind im Hochdruckgebiet generell schwach ausgeprägt ist, setzt sich auf Sylt nicht selten im Tagesverlauf eine leichte Seebrise durch, die auch an heißen Tagen erfrischend wirkt.

Meistens weht der Wind aus südlichen bis westlichen Richtungen. An etwa einem Viertel der Tage herrscht Ostwind, am seltensten Nordwind. Keineswegs ist für Sylt das Hamburger „Schmuddelwetter" typisch, vielmehr findet sich die Station List auf Sylt bei der Zahl der Sonnenstunden unter den Top Ten der meteorologischen Stationen in Deutschland. Von Mai bis August scheint die Sonne etwa die Hälfte der Zeit, die astronomisch möglich ist. Auch diese sonnige Seite der Insel Sylt erklärt sich aus ihrer ins Meer vorgeschobenen Lage.

Reizklima

Die Lage im Meer und der Einfluss der Seewinde bewirken, dass die Lufttemperaturen auf Sylt gemäßigt sind. Die Temperaturschwankungen sind geringer als im Binnenland, nachts wird es nicht so kühl, am Nachmittag nicht so warm, im Winter nicht so kalt, im Sommer nicht so heiß. Wieso spricht man dann trotzdem vom Reizklima? Das beherrschende Klimaelement an der Küste ist der Wind. Dieser führt dazu, dass der menschliche Körper während der ganz überwiegenden Zahl der Tage durch die Luftbewegung gekühlt wird. Ein Strandleben auf Sylt erfordert selbst bei sommerlichen Temperaturen so gut wie immer, dass mindestens eine der folgenden Bedingungen erfüllt ist: Die Sonne scheint, man legt sich entweder flach auf den Strand oder schirmt den Wind zum Beispiel durch einen Strandkorb ab, oder man bewegt sich. Der fast ständig wehende Wind fordert die Thermoregulation des Organismus in einer Weise, die für die Menschen in ihrer Alltagsumgebung absolut ungewohnt ist. Auf diese thermischen Reize muss sich der Körper permanent einstellen. Dies bedeutet ein regelrechtes Training für die Gefäße, welche die Hautdurchblutung und damit die Wärmeabgabe regulieren.

Ein wesentlicher Teil der Temperaturregulation des menschlichen Körpers erfolgt unbewusst durch das Verhalten. In kühler Umgebung steigert man die physische Aktivität, in warmer bleibt man eher untätig. Das gilt auch im Sylter Klima. Selbst erklärte „Bewegungsmuffel" gehen am Strand spazieren. Angeregt durch das Naturschauspiel von Wasser und Brandungswellen, die schäumend auf dem schrägen Sand auslaufen und einem mit ihren überraschend auch mal weiter ausgreifenden Zungen schnell nasse Füße bescheren können, beeindruckt vom weiten Himmel, den ziehenden Wolken und dem wechselnden Licht gehen Urlauber oft stundenlang am Flutsaum spazieren. Durch den kühlenden Wind werden sie dabei unbewusst genötigt, sich zu bewegen, um durch die Steigerung der inneren Wärmeproduktion den Wärmeverlust des Körpers auszugleichen. Das Gehen im Sand erschwert das Vorankommen ein wenig, doch das nehmen die Strandspaziergänger klaglos in Kauf. Die Kühlung durch den Wind lässt sie gar nicht merken, dass sie, was die Beanspruchung der Atmung, des Herzkreislaufsystems und des Energieumsatzes angeht, ein leichtes sportliches Training absolvieren. Immer wieder ist von Gästen zu hören, die Luft auf Sylt mache so müde. Man mag das glauben oder nicht, sicher ist, dass die Bewegung durch das Gehen am Strand müde macht.

Bei dieser „unbewussten" sportlichen Tätigkeit kommt dem Strandspaziergänger noch eine andere Komponente des Meeresklimas auf Sylt unter gesundheitlichen Aspekten zugute: die saubere Meeresluft und das salzige Brandungsaerosol. Das Salz, das bei Seewind als Aerosol, das heißt als konzentrierte Salzwassertröpfchen, in der Luft schwebt, schlägt sich beim Atmen an den Schleimhäuten nieder und entfaltet dort eine schleimlösende Wirkung.

Die saubere Seeluft enthält nur sehr geringe Mengen an Schadstoffen. Dies bedeutet eine Entlastung von reizenden Stoffen, denen wir in den Ballungsgebieten immer mehr oder weniger stark ausgesetzt sind. Die klare Luft des Himmels über Sylt hat bei Seewind oft tagelang keinen Kontakt zu Schadstoffquellen gehabt und entspricht dann der sauberen Luft in den höheren Schichten der freien Atmosphäre, die von direkten Bodeneinflüssen unberührt sind.

Ein weiterer Reizfaktor, dem man sich unter dem weiten Himmel über Sylt aussetzt, ist die Ultraviolettstrahlung der Sonne, die allerdings schwere Schäden anrichten kann. So ist ein Sonnenbrand das biologische Warnzeichen, dass das Genom (Erbgut) der Hautzellen strahlengeschädigt wurde. Das Pellen der Haut einige Tage nach einem Sonnenbrand bedeutet den kollektiven Selbstmord von Hautzellen, deren Schäden nicht zu reparieren waren. Die Bräunung der Haut ist eine natürliche Schutzfunktion vor zu viel UV-Strahlung.

Warum bräunt die Haut an der See so leicht? Wieder sind hierfür der weite Himmel über Sylt und der Wind verantwortlich: Der weite Himmel deswegen, weil die UV-Strahlung zum größten Teil nicht mit den direkten Sonnenstrahlen einfällt, sondern aus allen Richtungen des blauen Himmelsgewölbes einstrahlt. Und der kühlende Wind führt dazu, dass man die tatsächliche Intensität der Sonnenstrahlung unterschätzt. Man kann die UV-Strahlung nicht spüren, bemisst die Sonnenstrahlung nach ihrer Wärmewirkung auf der Haut und verschätzt sich damit zwangsläufig.

Es gibt aber auch gute Gründe, das Klima auf Sylt nicht nur als Reizklima, sondern unter bestimmten Gesichtspunkten geradezu als Schonklima anzusehen. Es ist zu erwarten, dass dieser Aspekt im Zuge des Klimawandels in Zukunft an Bedeutung gewinnen wird. Generell treten im Binnenland im Süden Deutschlands und dort noch verstärkt in dicht bebauten Städten heiße Tage auf, die mit Lufttemperaturen von 30 °C und mehr für den Menschen allgemein, speziell aber für Menschen mit eingeschränkter Funktionsreserve des Herzkreislaufsystems oder der Atmung erhebliche gesundheitliche Belastungen darstellen. In Karlsruhe beispielsweise werden solche Bedingungen in der Summe an mehr als drei Wochen im Jahr erreicht, auf Sylt gibt es im statistischen Mittel nur etwa alle zwei Jahre einen solchen heißen Tag. Die bereits erwähnten geringeren Extreme der Lufttemperaturen und der selbst an strahlenden Sommertagen fast immer wehende Wind sind in dieser Hinsicht Schonung für den Organismus und werden ganz zu Recht mit dem Begriff „Sommerfrische" beschrieben.

Sonnenuntergänge

Wenn man über den „Himmel über Sylt" spricht, darf man die Sonnenuntergänge nicht vergessen. Zumindest im Sommer zieht es viele Gäste an schönen Abenden auf den westlichen Dünenwall der Insel oder auf das Rote Kliff. Dies sind gewissermaßen die Tribünenplätze, um dieses Naturschauspiel zu verfolgen, das, obwohl es auf die Minute vorhersagbar ist, immer wieder fasziniert und in seiner großen Vielfalt auch immer ein wenig neu zu sein scheint.

Was bestimmt die Farbe des Sonnenuntergangs? Die Sonne sendet ein ganzes Spektrum an elektromagnetischen Wellen mit unterschiedlichen Längen aus. Die Gesamtheit all dieser Wellenlängen des Sonnenspektrums erscheint unserem Auge als gleißendes Weiß. Einzelne oder Mischungen aus mehreren Wellenlängen werden als Farben wahrgenommen. Ein Teil des Sonnenlichts wird beim Durchgang durch die Atmosphäre verschluckt oder von den Luftmolekülen abgelenkt. Diese Ablenkung des Lichts wird Streuung genannt. Sie erfolgt bei den kurzen Wellenlängen, die uns blau erscheinen, sehr viel stärker als bei den langen „roten" Lichtwellen. Deswegen erscheint der Himmel blau, denn die „blauen" Lichtwellen werden in alle Richtungen des Himmelsgewölbes abgelenkt und treffen dann von dort auf die Erde. Wenn die Sonne hoch am Himmel steht, ist der Weg der Sonnenstrahlen durch die Lufthülle relativ kurz. Das Sonnenlicht wird durch die Atmosphäre verhältnismäßig wenig beeinflusst. Es erscheint weiß. Fallen die Sonnenstrahlen hingegen schräger ein, wird der Weg durch die Atmosphäre immer länger, vermehrt wird Licht durch Streuung abgelenkt. Das betrifft insbesondere die blauen Anteile. Nähert sich die Sonne dem Horizont, wird der Weg der Sonnenstrahlen durch die Atmosphäre so lang, dass immer mehr blaues Licht herausgestreut wird und das gelbe, orange und schließlich das rote Licht aus dem Sonnenspektrum überwiegt. Das ist der Grund dafür, dass die untergehende Sonne orange oder rot erscheint.

Nun nimmt die Sonnenhöhe ja jeden Tag zwar unterschiedlich schnell, aber doch prinzipiell in gleicher Weise ab. Warum erscheinen die Sonnenuntergänge dennoch so unterschiedlich? Das hat seine Ursache in einer zweiten Art von Lichtstreuung. Die findet an Aerosolen statt, also an Tröpfchen und Staubteilchen, die zwar so klein sind, dass sie sehr lange Zeit in der Luft schweben können, aber doch deutlich größer ausfallen als die Luftmoleküle. Die Aerosolteilchen werden von den Sonnenstrahlen beschienen und machen diese dadurch erst sichtbar, ähnlich wie Rauch oder Staubteilchen die Sonnenstrahlen erkennen lassen, die durch einen Fensterspalt in einen Raum fallen. Sie sind gewissermaßen die Leinwand, auf die das Farbenspiel des Sonnenuntergangs projiziert wird. In den Jahren nach großen Vulkanausbrüchen erzeugt der feine Aschestaub, der noch nicht aus der Luft ausgewaschen ist, besonders eindrucksvolle Sonnenuntergänge.

Das Aerosol aus Wassertröpfchen in der Atmosphäre sorgt also für die typischen Sonnenuntergänge am Meer. Die Zahl und die Größe dieser Aerosolteilchen hängen stark von der Luftfeuchte ab. Ist die Atmosphäre sehr trocken, beispielsweise wenn Nordwind arktische Luft herantransportiert, dann erscheint die Sonne auf stahlblauem Himmel eher gelbrot oder kupferfarben. Das Abendrot ist wenig ausgeprägt und auf den Bereich unmittelbar um die untergehende Sonne beschränkt. Ist die Luftfeuchte hingegen höher, gibt es ein ausgeprägtes Abendrot, das von der Sonne auf weite Teile des Himmels ausgreift. Das Himmelsgewölbe kann feuerrot erscheinen. Bilden sich dichtere Wolkenschleier, die den Himmel abdecken, kann es passieren, dass nur noch die Sonne als eine runde tiefrote Scheibe hinter dem Horizont im Meer versinkt. Dadurch, dass das Auge mit dem Horizont einen Bezugspunkt hat, kann man beim Verschwinden des Sonnenrands die Bewegung der Sonne wahrnehmen – natürlich nur ihre scheinbare Bewegung, denn in Wirklichkeit ist es die Erddrehung, die sichtbar wird.

Die Atmosphäre verändert nicht allein die Farbe des Sonnenlichts, die unterschiedliche Dichte der Luftschichten führt auch dazu, dass die Sonnenstrahlen durch Brechung abgelenkt werden. Da diese mit dem Abstand zum Horizont variiert, erscheint die Form der Sonne verzerrt. Oft ist sie nicht rund, sondern abgeplattet. Ihr Unterrand franst nach den Seiten aus, sodass er breiter wird. Wenn dann der Oberrand der Sonne untergeht, wird die runde Form zu einem breiten Strich, der zum Schluss zur Mitte zusammenschnurrt und dann verschwunden ist.

In diesem Moment kann man mit viel Glück ein weiteres, sehr seltenes Phänomen beobachten. Es ist der grüne Strahl, ein kurzes grünes Aufleuchten des verschwindenden Sonnenrands. Die Brechung in der Atmosphäre lenkt die Sonnenstrahlen nicht nur um die Erdkrümmung über den Horizont, sondern fächert dabei auch das Sonnenspektrum wie ein Prisma in die verschiedenen Anteile auf: Die roten Strahlen werden am wenigsten gebrochen, die blauen am stärksten. Da aber die blauen Anteile bereits durch die Streuung eliminiert sind, erscheint zuletzt ein grüner Strahl.

Die Sonne ist untergegangen. Doch das heißt nicht, dass die Farbenspiele damit beendet sind. Vielmehr bescheint die Sonne aus ihrer Position hinter und unter dem Horizont weiterhin das Himmelsgewölbe, welches dann noch lange in allen möglichen Rottönen leuchten kann.

Gleichzeitig mit dem Versinken der Sonne im Meer erhebt sich genau gegenüber, also in der entgegengesetzten Himmelsrichtung im Osten ein weiteres Farbenschauspiel am Himmel: Der Erdschatten steigt über den Horizont. Auch im Osten gibt es einen Widerschein des Abendrots. Doch darunter steigt ein Streifen in einer eigentümlichen Farbe auf: ein bläulicher, leicht grünlicher Bogen, der nach Norden und Süden zum Horizont hin abfällt. Im Norden und Süden ist er nicht zu sehen. Der Bogen steigt langsam höher und geht schließlich in den dunklen Nachthimmel über. Tatsächlich ist es nicht der Schatten der Erde, sondern der Schatten der Ozonschicht, die aus dem Streiflicht der Sonnenstrahlen rotes und gelbes Licht herausfiltert, sodass eine merkwürdig blaugrüne Farbe übrig bleibt. Frühaufsteher können das Schauspiel gewissermaßen rückwärts und in Ost-West-Richtung vertauscht beim Sonnenaufgang beobachten.

Man sieht nur, was man weiß, meinte Goethe. Ob die Kenntnis der physikalischen und meteorologischen Hintergründe den Genuss, die farbigen, manchmal dramatischen Sylter Sonnenuntergänge anzuschauen, steigert, mag jeder für sich individuell beurteilen. Attraktiv wird der Blick auf den abendlichen Himmel über der Insel für die Menschen immer sein. Zu den beliebtesten Fotomotiven zählen die Sonnenuntergänge ohnehin.

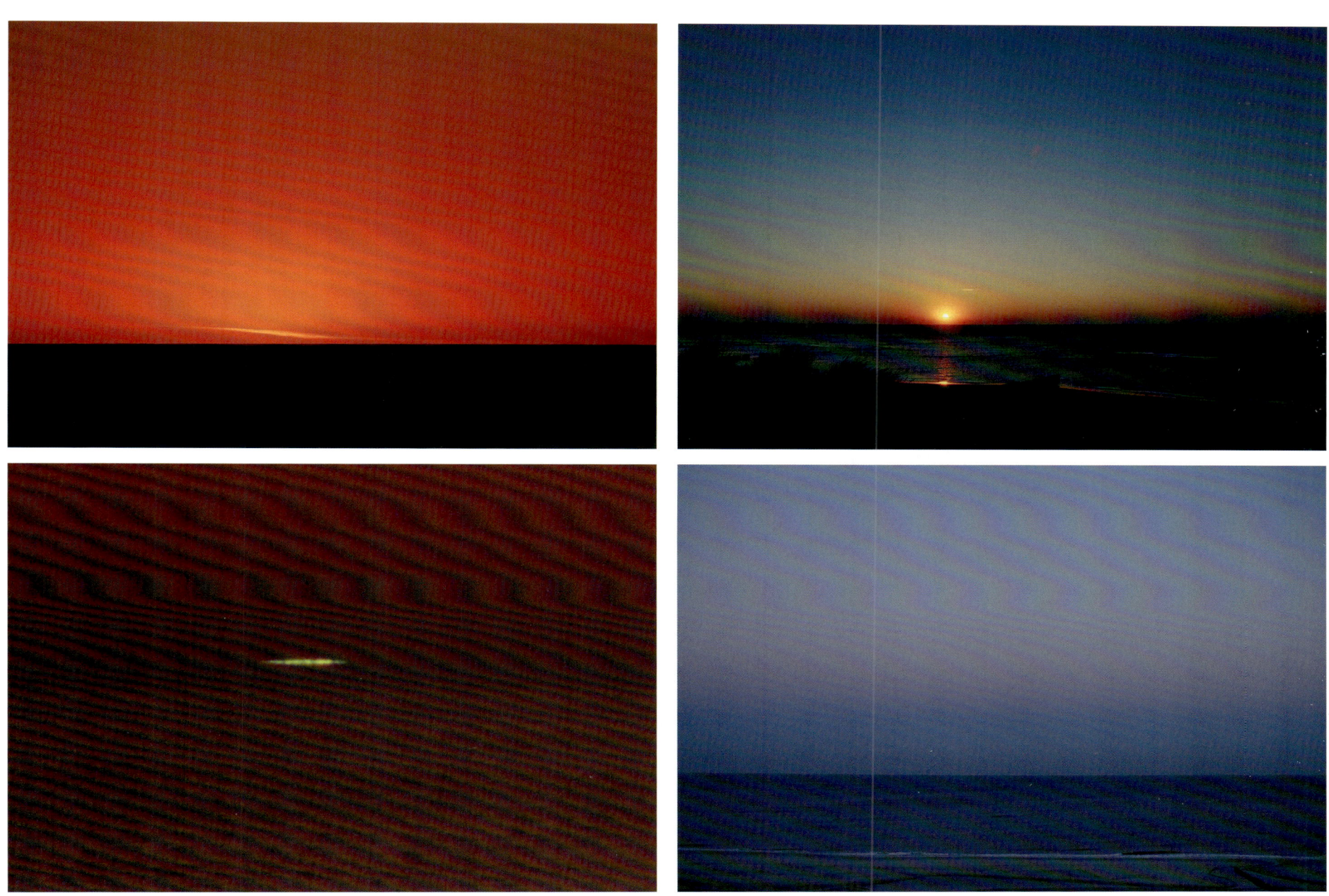

Oben: Sonnenuntergang am Weststrand
Unten: Oberrand der Sonne mit seitlich grünen Anteilen

Oben: Sonnenuntergang bei trockener Atmosphäre
Unten: Erdschatten vor Sonnenaufgang, Blick nach Westen

Wolkenformationen über dem Ellenbogen. Am Horizont der Leuchtturm List Ost

Letzte Sonnenstrahlen bringen die Dünen am Roten Kliff zum Leuchten.

Sonnenuntergang über dem Westmeer

Im orange leuchtenden Abendrot folgt ein Möwenschwarm dem vor der Sonnenscheibe vorbeiziehenden Fischkutter.

Wenn über Sylt die Sonne im Meer versinkt …

Ein Sturm zieht auf: Wetterwechsel sind auf Sylt besonders eindrucksvoll.

Blaue Stunde am Sylter Weststrand

Das
Meer

Ernst Penzoldt

Sturm

Die Nacht war sternenklar und windstill. Aber gegen Morgen erhob sich der Sturm. Er „erhebt" sich, sagt man, also wie ein Mensch oder ein Tier von seinem Lager sich erhebt. „Man weiß nicht, von wannen er kommt und braust." Wo ist der Ort seiner Geburt, wo verlebt der Sturm seine Kindheit, wann und wo wird er sich legen und einschlafen? Wächst der sanfte Windhauch, der kaum unser Haar bewegt, zum Sturm heran, der heute mit Windstärke neun über die Insel rast? Man spürt und hört ihn, aber ihn persönlich sieht man nicht. Wohl bildet er sich ab etwa in dem blond-grünen Gras, das nachgibt, aber, wäre der Sturm auch noch so stark, sich ständig bewegt. Es schmiegt sich seinem Rhythmus an. Er atmet, er zittert am ganzen Leib, vor Zorn oder aus Furcht oder Anstrengung. Es ist, als befände er sich auf der Flucht vor etwas. Das Warnsignal, die rote, zerfetzte Fahne neben der grünen Treppe am Kliff, flattert. Sie müsste, wäre der Wind stetig, doch eigentlich stillstehen wie aus Blech geschnitten.

Heute zum Strand zu gehen ist sehr beschwerlich. Schräg, die Schulter vorn, mit vorgelegtem Körper, hin- und hergerissen, im Gang eines Betrunkenen, stemmt man sich vorwärts. Man legt sich in den Wind. Man schlottert, und der Regenmantel knallt einem um die Beine. Es verschlägt einem den Atem. Es ist ratsam, nicht zu sprechen.

Der Sturm ist unberechenbar. Eben muss man alle Kraft aufbieten, einen Fuß vor den anderen zu setzen, als wate man im Lehm, da fällt man fast vornüber in eine Luftlücke, die keinen Widerstand bietet. Was da im Sturm mit einem geschieht, gleicht „stürmischen" Umarmungen unsichtbarer Liebender. Das Loslassen, Zupfen und Zerren, es ähnelt stark der Leidenschaft, den Vertraulichkeiten, den Launen und der Heimtücke des Meeres, wie es der

Badende erlebt. Vielleicht, wenn der Wind gefärbt wäre, würde man Wogen und Wirbel sehen wie im Meer. Am heftigsten, unwiderstehlichsten fegt er über die Kante des Steilufers, das ihn aufhält in seinem Rennen. Nur ein kurzes Stück Wegs hat er die gesammelte Kraft. Man muss die Hand vors Gesicht halten. Wie mit Nadeln schmerzhaft stechen die Sandkörner, die der Wind mit sich führt.

Das Meer ist völlig außer Rand und Band. Es ist zum Fürchten schön. Wer es so zum ersten Mal sieht, den überkommt, wenn er natürlich antwortet, mit Recht die Angst. Es hat etwas Verzweifeltes, Gepeinigtes, bäumt sich auf wie vor Schmerz, wie ein gepeitschter Mensch. Es ist zutiefst aufgewühlt. Es leidet.

Die See brandet bis an die Dünen. Wie der Wind scheint sie auf der Flucht vor etwas Entsetzlichem zu sein, so wie sich die Sprotten vor den Makrelenschwärmen ins Seichte flüchten und lieber am Strand verenden, als gefressen zu werden. Die Brandung ebnet mühelos die Sandburgen der Badegäste ein, und die durch die Sirene alarmierte Ortsfeuerwehr muss die gefährdeten Strandkörbe in Sicherheit bringen. Drei hat das Wasser schon mitgenommen, viele unterspült und mit Sand verschüttet. Sie müssen ausgegraben werden.

An den freien Stellen des Strandes jagt dicht am Boden der feine Flugsand hin. Große irisierende Schaumknäuel treiben, sich überkugelnd und zitternd, im Wind.

Nicht in regelmäßigen Reihen wie an andern Tagen rollen die Wellen heran. Sie sind in Unordnung geraten, sie genieren einander, sind sich ständig im Wege, wissen nicht mehr, wo ein und aus. Ihr Benehmen erinnert ein wenig an den Sturm des Publikums an einer Theatergarderobe. Es herrscht rücksichtslose Panik im Meer.

Die eisernen Buhnen, durch menschliche Vorsicht den Sand zu befestigen alle paar hundert Meter errichtet, schlitzen die Wogenleiber auf. Hoch spritzt der weiße Gischt und geifert die Buhnen entlang.

Die sonnengebräunten Gesichter der Neugierigen werden weiß vom Salz. Man schmeckt es, wenn man mit der Zunge über die Lippen fährt.

Unaufhörlich rauscht das Meer. Man hört die einzelnen Instrumente nicht heraus, hört nicht den Sturz einzelner Wellen. Unisono wie ein Wasserfall braust es. Es ist nicht dunkel, nicht blau, wie sonst zuweilen: Es ist blond und weiß, weit hinaus.

Unbeirrt schweben im Gleitflug, vom Aufwind getragen, die Silbermöwen den Grat der Dünen entlang. Ihre Flügel zittern wie die Tragflächen der Flugzeuge. In unheimlicher Geschwindigkeit ziehen, quer zum Sturm, Schwärme von Strandläufern ein paar Meter nur über das entfesselte Wasser dahin, diese kleinen, zerbrechlich wirkenden Vögel. Im Hui sind sie vorüber.

Wenn man dann ordentlich durchgeblasen, nun den Wind im Rücken und sich an ihn lehnend, den Mund und die Ohren voll Sand, mit brennendem Gesicht sich nach Hause wehen lässt, ist einem nach einem steifen Grog zumute. – Nach zwei Tagen liegt die Nordsee ruhig wie ein nasser Lappen, als wenn nichts gewesen wäre.

Westerland: finstere Wolkenberge vor dem großen Sturm

Ekkehard Klatt

Insel zwischen zwei Meeren

Die Insel Sylt, die „Königin der Nordsee", liegt weit draußen vor Schleswig-Holsteins Küste im Meer. Dieses zeigt sich dem Betrachter im gleißenden Sonnenlicht in unterschiedlichen Blautönen, mal aber auch schwermütig-grau mit schnell ziehenden Wolken und, ganz selten, nebelverhangen wie vor einem aufziehenden Sturm. Es übt auf jeden Besucher der Küste einen ganz besonderen Reiz aus. Und das nicht nur während seines faszinierenden Lichtspiels bei spektakulären Sonnenauf- oder -untergängen. Das Meer sieht niemals gleich aus und ist allein durch Ebbe und Flut ständig in Bewegung.

Mehr als zwei Drittel unseres Planeten sind von Wasser bedeckt. Die Weltmeere waren die Wiege allen Lebens und bedeuten auch heute noch Heimat für Abermilliarden von unterschiedlichsten und faszinierendsten Lebewesen. Was sich dort unten in großer Tiefe im Einzelnen abspielt, fangen wir erst langsam an zu erforschen. Der Schriftsteller Joseph Conrad, der jahrelang zur See fuhr, schrieb einmal: „Wer das Alter der Erde erfahren will, der schaue bei Sturm auf die See. Das Grau dieser unermesslichen Oberfläche, die Windfurchen auf dem Antlitz der Wogen, die riesigen Massen hin und her geschleuderter, wallender Gischt, die weißem Greisenhaar gleichen, lassen die See im Sturm ehrwürdig alt, glanzlos, matt und stumpf erscheinen, als wäre sie noch vor der Schöpfung des Lichtes erschaffen worden."

Eigentlich liegt Sylt eingebettet zwischen zwei Meeren, der rauen offenen See im Westen und dem Watt im Osten. Die Friesen jedenfalls unterscheiden immer noch zwischen Nordsee und „Haff", wie Theodor Storm das Wattenmeer nennt. Die sich über mehr als 500 000 Quadratkilometer erstreckende Nordsee ist ein flaches Randmeer des Atlantiks. Während der letzten 250 Millionen Jahre, also seit dem Erdzeitalter Perm, konnten sich auf dessen Grund bis sechs Kilometer mächtige Sedimente mit einer unvorstellbar großen Zahl abgestorbener Tiere und Pflanzen ablagern. Daraus entstanden hier auf dem Kontinentalschelf zwischen Großbritannien und Norwegen ergiebige Mengen Öl und Erdgas, die seit den 1970er-Jahren gefördert werden.

Das Wattenmeer ist eine amphibische Landschaft, die zweimal am Tag von nur wenigen Metern Wasser bedeckt ist und jeweils sechs Stunden später zu Wattspaziergängen auf dem trockengefallenen Meeresboden einlädt. Diese graue Landfläche aus Schlick und Sand wird von einigen Wasserläufen, den Prielen, durchzogen und ist das Zuhause unzähliger Krebse, Würmer und Schnecken.

Sturmfluten und Küstenschutz

Von Südwesten aus trifft die Gezeitenwelle täglich zweimal auf die Insel und lässt bei einem Tidenhub – dem Unterschied zwischen Hoch- und Niedrigwasser – von fast zwei Metern die feinkörnigen Sylter Sandstrände in unaufhörlich wechselnder Breite erscheinen. Da die Sturmfluten besonders an den Dünen und dem Kliff der Westküste nagen, wurden bereits 1869 erste Versuche unternommen, den Angriff der Wellen durch Buhnen zu reduzieren. Mehr als 100 Jahre später, nachdem sich diese Maßnahmen als unwirksam erwiesen haben, wird seit 1972 auf die ausgleichende Wirkung von zusätzlichen Fremdsanden aus der küstennahen Nordsee gesetzt. Die alljährlich durchgeführten Sandaufspülungen sind bereits zu einem festen Bestandteil der Küstenschutzarbeit am gesamten Weststrand geworden. Sie werden von vielen Urlaubern oftmals mit großem Interesse beobachtet und gern fotografiert.

Immer wenn sich bei starkem Westwind die Wassermassen in der Deutschen Bucht hochstauen und gleichzeitig eine meterhohe Brandung auf die Küste trifft, spricht man von einer Sturmflut. Das Wasser überflutet niedrig gelegenes Land, reißt große Sand- und Dünenabschnitte mit sich fort und wirft sich mit ganzer Kraft gegen menschliche Bauwerke wie Deiche und andere Uferschutzeinrichtungen. Berichte über schwere Sturmfluten an der Nordsee reichen bis weit ins Mittelalter zurück: von Tausenden Toten wird bei der ersten „Großen Mandränke" von 1362 gesprochen. Auch 1634, bei der zweiten „Mandränke", kamen viele Menschen ums Leben, besonders beim Auseinanderbrechen der Marscheninsel Strand in die einzelnen Inseln Nordstrand, Pellworm und Nordstrandischmoor, bedingt durch unzählige zeitgleiche Deichbrüche. Auf Sylt ist zum Glück vieles anders. Auch hier gingen große Teile der hoch gelegenen Geestlandschaft verloren. Wir wissen von mehreren Deichbrüchen in der Südermarsch südlich von Westerland und Tinnum, das letzte Mal im Jahr 1825. Auch die Gründung von Westerland, vermutlich nördlich des alten, 1436 untergegangen Dorfes Eidum, mag ursächlich durch Deichbrüche und den fortschreitenden Verlust von Geestland und alten Salzwiesen zu erklären sein. Da aber nur die südlich von Westerland, Tinnum, Keitum, Archsum und Morsum gelegene Marschlandschaft durch Deiche gesichert werden musste, hielten sich die Verluste an Menschenleben infolge von Deichbrüchen in Grenzen. Bis zum heutigen Tag hat Sylt eine dicht besiedelte, bis zu 28 Meter hohe Geestlandschaft, wohin man sich jederzeit bei extremen Sturmfluten zurückziehen kann.

Doch immer noch flößt vielen allein das Wort „Sturmflut" Angst ein. Spätestens ab Windstärke 7 wird der meiste Schiffsverkehr zu den benachbarten Inseln und Halligen eingestellt. Die Gefahren an Land gehen aber auf Sylt – anders als bei den durch hohe Deiche geschützten Marscheninseln oder Halligen – hauptsächlich von herumfliegenden Dachziegeln und umstürzenden Bäumen aus. Nur ganz selten bedrohen die Wassermassen ein zu dicht am Strand errichtetes Haus, wie das letzte Mal 1986, als die alte Strandhalle in List in den Fluten der Nordsee versank. In mehr als 50 Jahren sollte dies Gebäude aber auch der einzige Verlust auf Sylt bleiben.

Gerade wegen der Urgewalten, die während einer schweren Sturmflut herrschen, stellt das Ereignis etwas ganz Besonderes dar, für Insulaner genauso wie für Gäste. Die ungezähmte Natur so hautnah erleben und wie auf einer extra errichteten Bühne betrachten zu dürfen birgt für jeden Anwesenden etwas so Enormes, ja Archaisches, dass Achtung, Respekt und Bewunderung das Naturschauspiel zu einem unvergesslichen Erlebnis werden lassen.

Leben am und vom Meer

An den Küsten sind die meisten Bewohner eng mit dem Wasser vertraut. Personen- und Frachtschiffe scheinen pausenlos unterwegs zu sein, um den Austausch von Gütern und Menschen mit den vorgelagerten Inseln und Halligen möglichst reibungslos zu gewährleisten. Wegen des im Vergleich zum Binnenland eher ausgeglichenen und milden Küstenklimas entscheiden sich viele Menschen bewusst dafür, unmittelbar am Meer oder auf den Inseln und Halligen zu leben.

Alle untereinander verbundenen Weltmeere weisen ziemlich einheitlich einen Salzgehalt von 3,5 Prozent auf. Das darin enthaltene Kochsalz vermag es, innerhalb kürzester Zeit schönste und edelste Erzeugnisse menschlicher Kunst wie Eisenketten, Schlösser, Fahrräder und sogar hochkarätige Luxuslimousinen in braun gefleckte und unansehnliche Objekte zu verwandeln – selbst wenn sie gar nicht direkt mit dem Meerwasser in Berührung kommen. Unablässig lassen Stürme und Orkane bei den häufig anzutreffenden westlichen Winden ihre salzgeschwängerten Gischt- und Schaumberge bis in weit von der Küste entfernte Bereiche gelangen – im Falle Sylts vom Weststrand bis in den äußersten Osten der Insel.

Während der Flugrost an unzähligen Gegenständen und Gebäuden sehr schnell seine unschönen Spuren hinterlässt, empfinden besonders Großstädter bei jedem Strandspaziergang eine sofortige und nachhaltige Erleichterung beim Einatmen der frischen Seebrise. In den insularen Kliniken werden diese natürlichen Heilprozesse geschätzt. Oft bewirken lange Märsche am Flutsaum eine schnellere Linderung der Beschwerden als die besten Inhalationen während einer Badekur.

Den Blick über das Meer schweifen lassen bedeutet an Sylts Westküste nicht immer, dass auf der weiten Nordsee mehr zu sehen ist als eine unendlich weite Fläche, die zum Träumen und Meditieren einlädt. Aber oft hat man Glück, und ein Schiff mit ausladenden Karrenbäumen, an denen große Netze über den Meeresboden gezogen werden, bewegt sich mit stark gedrosselter Maschine langsam die Küste entlang. Meist gegen die oft heftige Strömung von Ebbe oder Flut. Das sind die Krabbenkutter, deren Hauptfang aus Garnelen besteht, die auf Sylt Krabben und auf den Halligen Porren genannt werden. Wenn bereits eine große Schar von Möwen dem Kutter folgt, bedeutet das, dass die Fischer den Beifang in ihren Netzen, den sie nicht verwerten können, über Bord werfen. Derweil enden die gefangenen Krabben unmittelbar nach dem

Oben: Fischkutter im Hafen von Hörnum

Unten: Jedes Jahr im September findet der Surf-Weltcup auf Sylt statt.

Oben: Der Strand vor Westerland, ein ideales Surfrevier

Unten: Herbststurm vor Westerland

Fang in siedend heißem Meerwasser, wo sich ihr glasiges Aussehen schlagartig ändert und sie eine rosa Farbe annehmen.

Die Jagd nach den ebenfalls begehrten Miesmuscheln erfolgte früher bei Ebbe, also bei trockengefallenem Meeresboden, auf den Muschelbänken zwischen Sylt und der Nachbarinsel Föhr. Heute fahren die großen blauen und grünen Fangschiffe von Hörnum aus zu den sogenannten Smartfarmen, künstlichen Aufzuchtsorten, die durch eine Vielzahl von gelben Bojen zu erkennen sind. Wegen der Farbe ihrer Schalen werden die Miesmuscheln auch Blaumuscheln genannt. Gekocht in feinem oder auch in pikantem Gemüsesud ziehen viele Feinschmecker diese Meeresdelikatesse sogar der Auster vor.

Das Meer gibt und das Meer nimmt. So heißt es von alters her bei den Friesen. Die Bewohner der Küste haben sich schon immer reichlich bedient, wenn sich dafür die Gelegenheit ergab. Hauptsächlich bestand ihre karge Nahrung aus an der Luft getrockneten Fischen, aus Kegelrobben und in Salzwasser eingelegten Heringen und Wildenten. Die gelb-rot-blaue Friesenfahne mit dem Fisch im roten Feld weist darauf hin, dass bereits im Mittelalter große Heringsschwärme die Sylter mit ihren einfachen Booten bis in die Gewässer um Helgoland lockten. Nach deren Ausbleiben mussten die Insulaner ab dem 17. Jahrhundert auf hanseatischen und dänischen Schiffen anheuern und zum Robbenschlag und auf Walfang für Monate in die Nordmeere hinausfahren. Als Entlohnung für Mühsal und Strapazen schafften sie es, sich einen gewissen Wohlstand zu erwirtschaften. Sowohl Sprache als auch Brauchtum der Sylter waren geprägt durch die Kultur und Lebensweise der Friesen in Holland. So manches Stück der dortigen Lebensart fand durch die inselfriesischen Seefahrer seinen Weg vom Rhein und von der Maas bis in die Kapitänshäuser in Morsum und Keitum: die Teekultur, Pfeifen und Tabak, Beilegeröfen, Kacheln und Fliesen, die Webkunst und auch das Klöppeln sowie das Errichten von sogenannten Vogelkojen für den Fang wilder Enten.

Als die Wale im 19. Jahrhundert fast ausgerottet waren, blieb für viele Seefahrer nur die Alternative: als Mannschaft auf den Handelsschiffen anheuern oder auswandern. Die Schätze des Meeres in unmittelbarer Nähe zur Insel reichten kaum mehr aus, um deren Bewohner mit dem Notwendigsten zu versorgen.

Badeinsel Sylt

Wie eine himmlische Fügung für die Sylter schien es, als Ärzte aus Hamburg Mitte des 19. Jahrhunderts erkannten, dass die Nordsee vor Sylt den größten Schatz bereithält, den Menschen seit jeher benötigen, nämlich gute Luft. Bei stürmischem Wind aus West geht ein Teil der im Meerwasser gelösten Salze als Spray in die Luft über, verteilt sich in großen Wolken über den Strand und wird bis in die nahen Dünen geblasen. Diese Aerosole gaben den Ausschlag, dass es binnen kurzer Zeit zu den Badgründungen 1855 in Westerland und 1859 in Wenningstedt kommen konnte. In immer größer werdender Zahl strömten die Badegäste auf die Insel. Viele von ihnen waren nicht bei bester Gesundheit. Die gute Luft hatte eine vorzügliche Heilwirkung, und so konnte ein Großteil der Gäste nach absolvierter Kur gestärkt und häufig komplett genesen die Insel wieder verlassen. Sylt mauserte sich zum Jungbrunnen für Allergiker und Asthmatiker. Diese „Win-win-Situation" belebte zusehends das Geschäft. Die Gäste waren glücklich und zufrieden, die Bäder besuchen zu dürfen, und die Sylter erfreuten sich der klingenden Münze für ihre Dienstleistungen. Auch wenn diese Entwicklung nicht gradlinig verlief, so darf man mit Fug und Recht behaupten, dass es bis heute das Meer mit seiner Brandung ist, das Jahr für Jahr wieder Erholungsuchende an die Nordsee und auf die Insel reisen lässt.

Frisch aus der Taufe gehoben wurden vor einigen Jahrzehnten sogenannte Events, die dafür gedacht sind, immer häufiger und immer früher Urlauber außerhalb der Badesaison in die Brandung zu locken: Weihnachtsbaden, Silvesterbaden, auch Anbaden im Mai sind heute zu wichtigen Terminen für die Urlaubsplanung geworden.

Darüber können Insulaner, aber auch etliche Gäste nur schmunzeln. Für sie gehört das tägliche Vollbad, meist frühmorgens und im Adams- oder Evakostüm, zum festen Ritual. Da selbstverständlich ein eiserner Wille von Nöten ist, bei Wind und Wetter und nicht nur nach vorausgehendem Saunabesuch in die Wellen zu springen, liegt ihre Zahl wohl bei wenigen Hundert. Alle Befragten erklären unisono, erst nach dem Bad im erquickenden Salzwasser schmecke das Frühstück so richtig gut!

Wer aber nicht so hartgesotten ist oder nur gelegentlich auf Sylt weilt, für den ist ein strammer Fußmarsch direkt am Flutsaum die zweitbeste Alternative für totale Fitness und nachhaltige Gesundheit. Spätestens wenn die Sonne an den länger werdenden Tagen im April anfängt, uns richtig zu erwärmen, absolvieren viele Urlauber ihre Strandspaziergänge ohne Schuhwerk und mit leicht hochgekrempelten Hosenbeinen. Ab etwa 16 °C Wassertemperatur sind es dann nicht mehr ausschließlich die Kinder, sondern Nordseefreunde jeden Alters, die sich jetzt, Anfang Juni, mit Wonne in die Brandung stürzen, bevorzugt anfangs noch bei östlichen Winden,

also platter See, und bei Sonnenschein. Wer dieses Ritual ohne Badekleidung angeht, hat nach dem Seebad nicht die Probleme mit den nassen Badesachen und kann sich in Sonne und Wind binnen weniger Minuten komplett trocknen lassen. Etliche Badeärzte verweisen darauf, dass das auf dem Körper auskristallisierte Salz noch einen zusätzlichen positiven Effekt auf uns ausübt: Teile der Meersalze werden über die Haut absorbiert und kommen im Sinne der Thalassotherapie (von griechisch „thálassa" = Meer) unserem Stoffwechsel zugute. Bei entsprechender Anwendung von Meerwasser oder auch Schlick wird ein Teil der Halogene über die Haut aufgenommen. Dadurch können sich unsere Vitalkraft und unser Wohlbefinden deutlich steigern.

Hat das Meerwasser endlich die 18 °Celsius-Marke erreicht, was hoffentlich meist Ende Juni der Fall ist, zieht es viele sportliche Schwimmer hinaus ins Meer. Wer sich nicht nur auf die Anweisungen der Rettungsschwimmer der DLRG verlassen will, sollte auf jeden Fall die starke küstenparallele Strömung, die bis zu zwei Meter pro Sekunde betragen kann, beachten. Sie ist bei Flut nach Nord, bei Ebbe, also ablaufendem Wasser, nach Süden gerichtet und wird auch sehr stark von der jeweiligen Windrichtung überlagert. Als gefährlich für alle Badegäste sind auch die leider immer noch vorhandenen Reste der alten Buhnen einzustufen. Das gilt besonders bei Hochwasser, wenn sie nicht sichtbar sind und ihre Lage höchstens durch die gelben Warnkreuze am Strand angedeutet wird.

Einige wenige Schwimmer haben das große Glück zu erleben, dass unmittelbar neben ihnen eine spitze Rückenflosse auftaucht – die Finne eines Schweinswals. Diese mit 1,5 Meter Länge kleinste Walart lebt glücklicherweise noch zu Tausenden vor den Küsten

Sylts und seiner Nachbarinsel Amrum. Sylt ist der einzige Ort in Deutschland, wo vom Ufer aus regelmäßig Wale beobachtet werden.

Besonders am Ellenbogen im Norden und an der Hörnum-Odde im Süden besteht aufgrund der starken Strömung eine große Chance, Seehunde oder sogar die noch größeren Kegelrobben im Wasser zu erspähen. Der Grund dafür ist die hohe Strömungsgeschwindigkeit in den Tiderinnen, die bis zu zwei Meter pro Sekunde betragen kann. Dadurch können Garnelen und Plattfische zu einer leichten Beute für Seehunde, aber auch für Fischer werden. Trifft man beim Strandspaziergang auf ein einsames Seehund- oder Kegelrobben-junges, sollte man unbedingt einen sehr großen Abstand wahren, um das vielleicht doch in der Nähe weilende Muttertier nicht zu verschrecken. Im Zweifelsfall sollte man die Strandaufsicht oder die Polizei informieren. Nur wirklich verlassene gesunde Tiere, sogenannte Heuler, werden zur Aufzucht und späteren Auswilderung in die Seehundstation Friedrichskoog gebracht.

Zu den bei Badenden nicht gerade beliebten Meeresbewohnern gehören die Quallen, wobei eigentlich nur die Begegnung mit der rötlichen Feuerqualle, auch Gelbe Haarqualle genannt, wegen ihrer die Haut reizenden Nesselfäden wirklich unangenehm ist. Bei Verbrennungen durch Quallen sollte man die Tentakeln mit Salzwasser abspülen und die schmerzhaft geröteten Hautpartien mit Essig behandeln.

Den maritimen Charakter der Nordseeinsel prägen natürlich auch die unzähligen Seevögel wie zum Beispiel die Möwen, darunter Lachmöwe, Heringsmöwe, Silbermöwe und ihre „kleine Schwester", die Sturmmöwe. Durch den Verlust ungestörter Brutflächen und das Fehlverhalten einiger Inselbewohner und -gäste, die ihnen verbotenerweise Essensreste zuwerfen, haben manche Möwen allerdings so sehr die Scheu vor den Menschen verloren, dass sie sogar auf Hausdächern brüten und sich bisweilen aus den gut gefüllten Strandtaschen oder der Hand des Badegasts im Sturzflug selbst bedienen.

Im Spülsaum des Meeres finden aufmerksame „Strandforscher" neben Algen und Blasentang, Krebsen und Seesternen, vom Wasser geschliffenen Holzstücken, interessanten Steinen und schön gezeichneten Muschel- und Schneckenschalen manchmal auch ein kleines Stück Bernstein. Wenn es ein paar Tage aus West oder Südwest gestürmt hat und die See sich danach wieder beruhigt, wird das fossile Harz angeschwemmt. Am besten hält man am Ellenbogen und an frisch aufgespülten Strandabschnitten danach Ausschau.

Nationalpark Schleswig-Holsteinisches Wattenmeer

Bereits in einem Abstand von 150 Metern vor den Stränden Sylts beginnt der Nationalpark Schleswig-Holsteinisches Wattenmeer, der 2009 mit einer Fläche von 4410 Quadratkilometern durch die UNESCO zum Weltnaturerbe ernannt worden ist. Dieser weltweit höchste Schutzstatus sollte in Zukunft Verpflichtung und Ansporn zugleich bedeuten. Denn Fischfang, Fischzucht, Sandentnahme für die alljährlich durchgeführten Sandaufspülungen zum Schutz und zur Erneuerung vieler Sylter Strände sowie militärische Nutzung und erneuerbare Energien liegen in direkter Konkurrenz zu diesem hochsensiblen Gebiet. Der Nationalpark reicht durch die Ausweisung einer Schweinswal-Schutzzone vor Sylt etwa 25 Kilometer weit in die Nordsee hinein und weist mit dem Vortrapptief

Oben: Vogelschwarm vor Morsum

Unten: Eine Möwe sucht Nahrung in der Buhnenbrandung.

Oben: Kampener Vogelkoje

Unten: Möwen auf Buhnenresten

sogar eine mehr als 30 Meter tiefe Gezeitenrinne auf, die für den zweimal täglich stattfindenden schnellen Austausch riesiger Wassermassen auch notwendig ist.

Seit dem Jahr 2015 relativiert sich der alte friesische Spruch: „Rüm Hart, klaar Kiming". Während das freie, offene Herz (rüm Hart) hoffentlich noch schlägt, ist der freie Blick (klaar Kiming) am westlichen Horizont neuerdings beeinträchtigt durch 80 Windkraftanlagen des Parks „Butendiek". Auch wenn der Abstand zu Sylt mehr als 30 Kilometer beträgt, sind diese je 3,6 Megawatt starken und 150 Meter hohen Windmühlen sowohl bei Tag als auch bei Nacht durch ihre weiß und rot blinkenden Warnlampen bei klarem Wetter nicht zu übersehen. Erst viel weiter draußen, weit außerhalb der Sichtweite, liegen die deutschen und dänischen Bohrplattformen für die Gas- und Ölförderung. Bis jetzt hat sich die Offshore-Industrie innerhalb des Nationalparks nur vor Dithmarschens Küste etablieren können. Erst die Zukunft wird zeigen, ob der hohe Schutzstatus des die Insel Sylt umgebenden Wattenmeers es auch weiterhin verdient, sich mit den bekanntesten Nationalparken der Welt vergleichen zu dürfen.

Es ist zu hoffen, dass wir es schaffen, die noch intakte Natur im Watt und in der Nordsee zu erhalten und den Ressourcenverbrauch auf ein erträgliches Maß zu begrenzen. Die Auszeichnung als Weltnaturerbe sollte uns allen genügend Ansporn sein, dies herrliche Kleinod draußen in der Nordsee noch auf lange Zeit für die Insulaner und die vielen begeisterten Syltfans zu bewahren!

Blidselbucht südlich von List: Rippelmarken im Wattenmeer

Im Rhythmus der Gezeiten: Bei Ebbe zieht sich auf der Wattseite der Insel – wie hier vor Morsum – das Meer weit zurück.

Einsetzendes Niedrigwasser am Weststrand bei Kampen

Bei Hörnum: Die klare Seeluft macht das Wandern am Meer zur Erholung für Leib und Seele.

Holzbuhnen vor Westerland: Küstenschutz von anno dazumal. Heute gleichen Sandaufspülungen die Abbrüche an Dünen und Kliffs aus.

Historische Holzbuhnen aus der Anfangszeit der Küstenschutzmaßnahmen (ab 1869)

Seenebel wabert durch die von Wasser, Wind und Sonne blank geschliffenen Buhnenreste.

Tetrapoden auf dem Zwischenlagerplatz vor Hörnum. Der Einsatz der Betonvierfüßler zum Schutz der Sandstrände ist hoch umstritten.

Aerosol-Therapie: eine lange Wanderung am Weststrand bei Wind und Wetter

Seit 1976 nicht mehr in Betrieb: das Quermarkenfeuer Kampen, erbaut 1913

Bohlenweg in Kampen

Strandkörbe am Roten Kliff. Es erhält seine Färbung durch Oxidation eisenhaltiger Bestandteile im Geschiebelehm.

Rund um den 1856 erbauten Kampener Leuchtturm erheben sich Grabhügel aus der Bronzezeit.

Gischt in der Brandung vor Kampen – Tanggeruch liegt in der Luft, Salzwassertröpfchen prickeln auf der Haut.

Ohne die kreisenden Möwen undenkbar: der Himmel über Sylt

Austernzucht im Lister Watt: Die „Sylter Royal" gilt als Delikatesse.

Besonders nach einem Sturm beeindruckend: der Flutsaum mit seiner Muschelvielfalt

Abendstimmung: Der Himmel ist mit zarten Blau- und Rottönen gefärbt, das Meer geht zur Ruhe.

Im Abendlicht kommt der rote Limonitsandstein des Morsum-Kliffs besonders gut zur Geltung.

Großsegler im Hörnumer Hafen. Der Leuchtturm, erbaut 1907, ist als einziger auf der Insel für Besucher zugänglich.

Wellenrippel an der Hörnum-Odde bei Niedrigwasser. Am Horizont die Insel Amrum

Die
Natur

Ekkehard Klatt

Natur und Naturschutz

Sylt, die fast 100 Quadratkilometer große nördlichste Insel Deutschlands, hat sich im Lauf vieler Jahre stark verändert. Die Auswirkungen waren oftmals dramatisch – selbst ohne das Dazutun des Menschen. Wir können sicher sein, dass dieser Prozess weitergeht und die charakteristische Form der Insel sich in nicht allzu ferner Zukunft wandeln wird.

Der Natur verdanken wir das gesamte Relief der Erde, alles irdische Leben, aber auch jeden Orkan und jede Sturmflut. Jeder Vulkanausbruch und jeder Tsunami beruhen auf dem Wirken von Naturkräften. Die Natur kann nicht anders, als nach bekannten physikalischen Gesetzmäßigkeiten zu funktionieren: Die Sonne spendet uns Wärme, die Vulkane liefern uns Gase und Wasserdampf, durch die unterschiedliche Einstrahlung von Wärme entsteht Thermik und es blasen Winde. Diese bringen die Meere in Bewegung und türmen den Sand zu Wanderdünen auf.

Zwischen 1923 und 1979 wurden auf Sylt zehn Landschaften mit zusammen über 30 Quadratkilometern unter Naturschutz gestellt: Nord-Sylt, Kampener Vogelkoje, Nielönn, Dünenlandschaft auf dem Roten Kliff, Braderuper Heide, Morsum-Kliff, Rantum-Becken, Baakdeel, Rantumer Dünen und Hörnum-Odde. Den Löwenanteil daran beansprucht das Naturschutzgebiet Nord-Sylt, das mit 18 Quadratkilometern fast den gesamten bis 1864 zu Dänemark gehörenden Nordteil der Insel bis hinunter zum Kampener Quermarkenfeuer umfasst.

Mit mehr als einem Drittel der Inselfläche leisten wir uns viel Schutz im Vergleich zu anderen Orten in Deutschland. Schutz gegen eventuellen baulichen Wildwuchs, aber auch gegen so manche gezielt geplante Veränderung der Landschaft durch die Menschen.

Als zukunftsweisend und mutig darf man deshalb die Entscheidung von Ferdinand Avenarius und Knud Ahlborn bezeichnen, 1923, noch kurz vor dem Bau des Hindenburgdamms (1923–1927) die Morsumer Heide und das Morsum-Kliff als erstes Naturschutzgebiet in Schleswig-Holstein auszuweisen. Geplant war nämlich, einen großen Teil des Bausands für den elf Kilometer langen Damm unmittelbar am Morsum-Kliff zu entnehmen.

Fast noch mutiger erscheint heute der Gedanke, gleichzeitig in Nord-Sylt die höchsten Wanderdünen Deutschlands zum Naturschutzgebiet zu erklären. Dieselben Wanderdünen übrigens, die vermutlich vor über 500 Jahren für den Untergang des alten Dorfes List verantwortlich gewesen sind.

Jedes Naturschutzgebiet auf der Insel Sylt ist einzigartig in seinem Aussehen, seinem Bewuchs und seiner Geschichte. Die Eiszeiten hinterließen die steinbesäte Geest, die Strömung und die Sturmfluten schufen die Nehrungshaken im Norden und Süden sowie die Schwemmlandwiesen im Osten. Die wunderschöne Heidelandschaft findet sich sowohl auf der Geest als auch auf den Nehrungen, meist in kleinen Tälern zwischen den ehemaligen Wanderdünen.

Auf Sylt ist es möglich, die Orte der Veränderungen in der Natur als Zeitreise zu erleben. Beim Spaziergang durch verschiedene Naturschutzgebiete, zum Beispiel Morsum-Kliff, Dünenlandschaft auf dem Roten Kliff, Baakdeel und Nielönn, wird man Zeuge, wie ein pausenloser Wandel immer wieder neue Landschaftsbilder hervorbringt.

Am Anfang war das Meer: Morsum-Kliff

Ganz im Osten der Insel liegen Hünengräber aus der Bronze- und der Wikingerzeit, Rehe ziehen über die Heide, und im Sommer ist auch manchmal eine Herde aus Heid- und Moorschnucken zur Heidepflege unterwegs. Die ältesten Gesteine der Insel finden sich direkt am Morsum-Kliff. Diese bis 18 Meter hohe Abbruchkante ist erst nach dem Ende der letzten Eiszeit vor weniger als 10 000 Jahren entstanden. Bedingt durch das Abschmelzen riesiger Eismassen ist der Meeresspiegel mehr als 130 Meter angestiegen und hat besonders bei Stürmen und Orkanen am Land genagt. Deshalb bricht auch heute das Kliff immer weiter ab und gibt unaufhörlich neue Einblicke in die tiefer liegenden Schichten frei. Diese für viele beängstigende Perspektive stellt für Geologen und Fossiliensammler natürlich einen Glücksfall dar, denn nur so werden immer wieder aufs Neue Muscheln und Schnecken, die ausschließlich hier zu finden sind, aus ihrem Millionen Jahre dauernden Schlaf erweckt. Aufgebaut ist das Morsum-Kliff, das auch als Buntes Kliff bekannt ist, aus schräg gestellten und aufgefalteten braunen und hellen Sanden, sowie blauschwarzen Tonen.

Die Geschichte, die die dunklen Tone erzählen, besagt, dass der Raum Sylt vor zehn Millionen Jahren von Wasser bedeckt war. Die Tone liefern den Beweis, dass hier in größerer Wassertiefe, übrigens in deutlich wärmerem Wasser, als wir es heute vorfinden, feinkörnige Sedimente abgelagert wurden. Die nächstjüngere Formation besteht aus rostbraunem Sand. Dieser belegt den klimabedingten Wandel dieser Meeresablagerungen vor circa sieben Millionen Jahren. Eine globale Abkühlung, die zu Vergletscherungen auf den Kontinenten führte, war dafür verantwortlich, dass damals an gleicher Stelle deutlich weniger Wasser über dem Meeresboden anzutreffen war. Die dadurch höhere Wellenenergie konnte gröberes Material bewegen, und somit wurden Sande und feiner Kies zur Ablagerung gebracht.

Die ersten sechs Millionen Jahre war Sylt somit Teil einer Ur-Nordsee.

Zu dem Zeitpunkt, als die globale Abkühlung so weit vorangeschritten war, dass der Meeresboden an dieser Stelle trockenfiel, konnte feiner, elfenbeinfarbener Sand, oft als Kaolinsand bezeichnet, seinen Weg vom Baltikum bis in die heutige Nordsee antreten. Sylt war damals Teil eines über 300 Kilometer breiten Flussdeltas, das sich von Esbjerg in Dänemark bis nach Den Helder in Holland erstreckte. Für anderthalb bis zwei Millionen Jahre wurde ein Großteil der heutigen Nordsee mit riesigen Mengen an gleichkörnig geformten Sanden versorgt, die heute das Liefergebiet für die alljährlich durchgeführten Sandaufspülungen an der Westküste Sylts sind.

Gletscher liefern Nachschub: Dünenlandschaft auf dem Roten Kliff

Ähnlich wie im Osten haben die Sturmfluten auch an der Westküste eine lange Kliffkante entstehen lassen. Das Rote Kliff reicht von Kampen bis in den Norden von Westerland; am eindrucksvollsten aufgeschlossen ist es aber am Hauptstrand von Kampen. Hier kann man im oberen Teil der Steilküste große Steine und sogar Findlinge aus den Sandmassen herausschauen sehen. Dabei handelt es sich um den Geschiebelehm, also den gesamten Schutt, den mehrere Eiszeiten nach dem Zurückschmelzen von vielen Hundert Metern Gletschereis zurückgelassen haben.

In der Epoche des Quartärs, also über einen Zeitraum von ein bis zwei Millionen Jahren hinweg, war die Natur dem maximalen klimatologischen Spagat ausgesetzt, der an Land möglich ist: Für jeweils 30 000 bis 50 000 Jahre war der Boden mit einem mächtigen Eispanzer bedeckt, und während eines etwas kürzeren Zeitraums, der Warmzeit, erlaubten es die klimatischen Bedingungen, dass sich Löwen in dieser Umgebung wohlfühlten!

Der untere Teil des Roten Kliffs besteht aus baltischen Flusssanden, die darüber liegenden Geschiebe sind bis vor circa 180 000 Jahren aus den südlichen Bezirken Norwegens, Schwedens und Finnlands per Gletscherfracht hierhertransportiert worden.

Eine Sandnehrung entsteht und verändert sich: Baakdeel

Die Insel Sylt besteht aus zwei ganz unterschiedlichen Landschaftsformen: der alteiszeitlichen Geest, hauptsächlich im zentralen Teil der Insel gelegen, sowie den Sandnehrungen und dem eingedeichten und nicht eingedeichten Schwemmland. Wer Westerland nach Süden verlässt, hat schnell das Naturschutzgebiet Baakdeel erreicht. Diese dünenbestandene Sandnehrung mit ihren Heideflächen ist im Gegensatz zur Geest ganz jung. Sie ist nur wenige Tausend Jahre alt. Der an der Geestkante abgebrochene Sand wird durch die Strömung weitertransportiert und küstenparallel verfrachtet. Ein Nehrungshaken entsteht, verlagert sich und wird immer wieder neu geformt.

Mittendrin liegt das Dorf Rantum. Da sich die Nehrung bedingt durch Strömung und Wind fast pausenlos neu erfunden hat, konnte

Wanderweg durch Kamtschatka-Rosen bei Westerland, morgens, im Herbst

das den Bewohnern nicht guttun. Die Wanderdünen ließen ihre Häuser in rascher Folge unter dem Sand verschwinden, und wer dann auf die Idee kam, auf die nur wenige Hundert Meter entfernte Wattseite auszuweichen, den zwangen hohe Wasserstände bei Sturmfluten, zumindest sein Haus auf höhere, künstliche Erdhügel, sogenannte Warften, zu stellen. Diese Situation wurde erst entschärft, als ab der Mitte des 19. Jahrhunderts die systematische Bepflanzung der Wanderdünen mit Strandhafer als biotechnische Sicherungsmaßnahme ein Wohnen in direkter Nachbarschaft zu den Dünen möglich machte.

Schwemmland entsteht und wächst durch Überflutungen: Nielönn

Unmittelbar nördlich von Kampen schließt sich an das Geestkliff ein lang gezogener Reetgürtel an, der zum Watt hin in eine feuchte Wiese, die mit Pionierpflanzen wie Queller und Andelgras bewachsen ist, übergeht. Hier finden Ornithologen besonders im Frühjahr und im Herbst ein bevorzugtes Rastgebiet für Gänse, Enten und unzählige Watvögel. Nielönn ist ein friesisches Wort und bedeutet Neuland. „Anwachs" sagen viele Insulaner dazu, und genau das ist das Naturschutzgebiet auch. Nach jeder Überschwemmung dieser nicht eingedeichten Feuchtwiese wächst das Land Millimeter für Millimeter in die Höhe. Besonders der Pflanzenbewuchs vermag Muscheln und Schnecken, Seegras und diverse Schwebpartikel, die durch die Wellen mittransportiert werden, festzuhalten, sodass ein Zugewinn an Masse bei einer gleichzeitigen Erhöhung der Landfläche zu beobachten ist. Dieser Prozess der Aufschlickung läuft schon seit mindestens 4000 Jahren. Die Schwemm-

landwiesen wachsen allerdings fast immer auf Kosten der Geest, die nach jeder Sturmflut abbricht und kleiner wird. Ein wichtiger Schachzug zur Bewahrung von Nielönn ist, das Gebiet niemals einzudeichen. Denn nur so kann sich die Salzwiese bei weiteren Überflutungen einem zukünftigen, vermutlich gestiegenen Meeresspiegel durch eine Erhöhung der Landfläche anpassen. Eingedeichtes Marschland erhält diese Chance leider erst, wenn einmal der Deich brechen sollte. Und das wollen wir ja alle nicht hoffen!

Küsten- und Naturschutz

Sylt. Geboren im Meer und heute aufgebaut aus Geest, Nehrungshaken und Marsch. Die einmalige „Land"-schaft wurde erst vor gut vier Millionen Jahren aus der Taufe gehoben. Sie veränderte sich pausenlos und kann natürlich auch durch die Unterschutzstellung nicht für ewig erhalten werden. Aber: Wollen wir das überhaupt?

Als die ersten Menschen, deren Spuren wir in Form von Hünengräbern noch heute vorfinden, vor über 5000 Jahren hier weilten, war Sylt bewaldet und Teil des jütländischen Festlands. Etwa zur Bronzezeit verschwanden diese Eichenmischwälder. Die Heide hielt Einzug. Lange vor der Besiedlung durch Wikinger und Friesen wurde Sylt bedingt durch den nacheiszeitlichen Anstieg des Meeresspiegels zur Insel.

Eine sprunghafte Vergrößerung der Einwohnerzahl brachte der Fremdenverkehr nach 1855 mit sich. Erst zu diesem Zeitpunkt gelangte die bis dato als gegeben angesehene Natur mehr und mehr in den Fokus. Die Badgründungen führten zu Bauprojekten an bis dahin nie besiedelten Orten unmittelbar an der Westküste.

Watt in der Blidselbucht/List

Küstenschutzmaßnahmen bescherten der Insel durch die Suche nach Materialien für Buhnen, Dämme und Deiche nicht nur die unwiderrufliche Zerstörung unzähliger Hünengräber, die man wegen der großen Findlinge plünderte, sondern es wurden darüber hinaus erstmals bislang weder bewohnte noch anderswie genutzte Landstriche der Insel erschlossen.

Damit einher gingen Anfang des 20. Jahrhunderts aber auch Vorschläge, wie man den Schutz der Insel und ihrer Natur dauerhaft gewährleisten könnte. Zur Bewahrung des friesischen Brauchtums wurde 1906 mit der Söl'ring Foriining der heute mitgliederstärkste Heimatverein in Nordfriesland gegründet. 1913 folgte die älteste Satzung Sylts für ein einheitliches Ortsbild in der Gemeinde Kampen.

Da der Küstenschutz einen Jahr für Jahr wachsenden Stellenwert einnimmt, wird die Natur durch das Dazutun des Menschen immer nachhaltiger und immer schneller verändert, aber gleichzeitig auch optimal geschützt. Fast jedes Stückchen Düne außerhalb der Wanderdünen im Naturschutzgebiet Nord-Sylt wird mit Hilfe von Strandhaferpflanzungen „gezähmt". Durch die riesigen Mengen an aufgespültem Sand an der Westküste ist das Rote Kliff zwischen Wenningstedt und Kampen seit 1990 kaum mehr in Gefahr geraten, bei Orkanfluten von den Wellen angenagt zu werden. Eine Ausnahme stellt der Hauptstrand von Kampen dar. Hier bricht fast jedes Jahr mindestens ein Meter Kliff ab, und das trotz alljährlich durchgeführter Sandaufspülungen.

Entwicklung und Veränderung der Natur auf Sylt werden niemals stehen bleiben. Neue Tiere und neue Pflanzen beanspruchen eigene Lebensräume. Die in der Blidselbucht gezüchtete und als „Sylter Royal" vermarktete Pazifische Felsenauster breitet sich rapide aus und macht Wattwanderungen wegen ihrer messerscharfen Schalen mehr und mehr zu einem riskanten Unterfangen. Genauso erobert die vor 100 Jahren eingeschleppte, üppig blühende und betörenden Duft verbreitende Kamtschatka-Rose (*Rosa rugosa*) pausenlos neue Areale und verdrängt dadurch viele Heidearten von ihren angestammten Standorten.

Der zukünftige Erhalt und die behutsame Entwicklung aller Naturschutz- und Landschaftsschutzgebiete ist natürlich auch auf Sylt wichtig, und ihm gebührt oberste Priorität. Trotzdem sollten wir uns von dem Gedanken einer Veränderung des Aussehens der Sylter Landschaften nicht erschrecken lassen oder uns gar davor fürchten. Wie immer die Entwicklung auch weiter verlaufen mag, die Rauheit der Landschaft und der karge Boden werden auf der von Stürmen und salzhaltiger Luft geprägten Nordseeinsel auch in den nächsten Jahren das Landschaftsbild dominieren und allein dadurch den einmaligen Reiz dieses Urlaubsparadieses bewahren!

Blick von der Abbruchkante des Roten Kliffs auf den Strand

Rotes Kliff mit vorgelagerter Sandaufspülung

Im äußersten Zipfel des Ellenbogens: der rot-weiß gestreifte, 13,6 Meter hohe Leuchtturm List Ost

Ost-Ellenbogen mit Strandhafer (*Ammophila arenaria*)

Eine einmalige Dünenlandschaft erstreckt sich im Norden der Insel, am Ellenbogen.

Bei gutem Wind ein Tummelplatz für Kite-Surfer: der zwischen List und dem Ellenbogen gelegene Königshafen

Wanderdünen im Listland

Wanderweg durch das Klappholttal mit Kamtschatka-Rosen (*Rosa rugosa*), auch Sylt-Rose genannt

Listland mit Dünenrosen (*Rosa pimpinellifolia*) – die ursprüngliche Sylt-Rose

Vom Sturm zersauste Kiefern, sogenannte Windflüchter, im Klappholttaler Wäldchen

Eine Augenweide zur Blütezeit: Die Kamtschatka-Rose wurde aus Asien eingeführt. Im Hintergrund Reetdachhäuser in Kampen

Paradies für Wanderer: die Braderuper Heide zur Blütezeit

Fruchtbares Marschenland bei Morsum

Das Morsum-Kliff, geologisches Fenster in fernste Epochen der Erdgeschichte

Das Rantum-Becken: seit 1962 Naturschutzgebiet und ein Eldorado für über 200 Vogelarten

Wie Baumwollfelder: wogende Wollgraswiese bei Puan Klent/Rantum

Abbruchkante an der Hörnum-Odde

Militärische Gebäudereste nach Dünenabbrüchen an der Hörnum-Odde

Einzigartig: die großartige Naturlandschaft des Nationalparks Schleswig-Holsteinisches Wattenmeer, hier an der Hörnum-Odde

Sylter
Traditionen

Georg Quedens

Friesenhäuser und Friesenkirchen

Ein Friesenhaus besticht durch die Harmonie seiner Gestalt. Wände und Dach sind in ihrem Verhältnis zueinander auf gelungene Weise ausgewogen. Sprossenfenster und handwerklich gestaltete Türen strahlen Gemütlichkeit aus. Das Haus und seine landschaftsgebundenen Baustoffe leben und laden zum Wohnen ein. Die Harmonie der Architektur ist ein schöner Anblick, der Freude bereitet, und dieses Empfinden ist umso größer, je plumper und geschmackloser die neueren Bauwerke der Gegenwart sind.

Die Schönheit der friesischen Baugestaltung beginnt schon an der Grundstücksgrenze mit dem aus Feldsteinen und Findlingen aufgesetzten und mit Erde und Gras durchwachsenen Wall. Diese Steinmauern sind eine uralte Form der Grenzen von Baugrundstücken und Gärten. Wo Steine fehlen, sind die Wälle oft auch aus bloßer Erde aufgeworfen und mit Grassoden abgedeckt.

Hinter diesem sogenannten Friesenwall, der etwa einen Meter hoch das ganze Grundstück, mindestens aber die Straßenfront umschließt, liegt der Garten mit grünen Rasenflächen und Obstbäumen. Bäume, die schnell wachsen und genügsam sind, wie Pappeln und Weiden, zeigen an der West- und Wetterseite eine deutliche „Windschnur", das langsame Ansteigen der Kronen, wobei die innen stehenden den Schutz der äußeren nutzen.

Vereinzelt führen noch Wege dicht gesetzter Feldsteine zum Haus, dessen gefällige Proportionen durch niedrige Wände und ein relativ hohes Reetdach geprägt werden. Die ursprünglich gauben- und lukenlose Fläche des Daches wird über dem Hauseingang durch einen Giebel verziert, in älterer Zeit und auch heute noch auf Sylt in Form eines Spitzgiebels, andernorts durch Backengiebel mit hochgemauerten Seitenstücken. In jedem befindet sich eine Luke, durch die früher das Heu eingebracht wurde. Ganz oben sorgt noch

Oben: Friesenhaus mit typischem Giebelschmuck am Frachtenstegelk/Keitum
Unten: Schöne Friesenhaustür im Keitumer Takerwai

Oben: Altes Friesenhaus in Kampen
Unten: Friesenhaus Muhle, Westerland

Uthlandfriesisches Haus in Keitum mit dem sylttypischen Spitzgiebel

Weiß verputztes Friesenhaus in Keitum

ein kleines Fenster für gedämpftes Licht im Dachbodenraum. Das ursprüngliche Wohn- und Wirtschaftsgebäude der Friesen wurde nach dem Vorbild von Häusern der zuvor in der Region ansässigen Völkerschaften gebaut, wie Ausgrabungsfunde belegen. Typische Merkmale des Uthland- bzw. Friesenhauses waren die West-Ost-Lage in Anpassung an den vorherrschenden Westwind, die mittels eines durchquerenden Flurs zwischen Haustür und Gartentür erfolgte Teilung in einen Wohn- und einen Wirtschaftsteil sowie die bis etwa in das 18. Jahrhundert hinein verwendete Ständerkonstruktion des Daches. Das mit Reet gedeckte Dach ruhte nicht auf den Hausmauern, sondern auf einer Ständer- und Balkenreihe im Innern des Hauses. Diese Konstruktion erwies sich dort als sinnvoll, wo große Sturmfluten die Gebäude erreichten, so etwa in der Nösse- und Rantum-Marsch oder auf den Halligen. Schlugen Wellen die Mauern ein, blieb der Dachteil mit den dort hinaufgeflüchteten Hausbewohnern stehen. Für die Dörfer auf der höheren Geest und in den Dünen hatte diese Konstruktion zwar keine Bedeutung, wurde aber trotzdem verwendet. Erst seit Anfang des 18. Jahrhunderts wurde der Dachstuhl auf die Hausmauern gelegt.

Ursprünglich hatte das Friesenhaus auch keinen Giebel. Er wurde erst aus Feuerschutzgründen von der Landesherrschaft vorgeschrieben. Der Giebel, meist ein Spitzgiebel, manchmal auch ein Backengiebel und am Hof Diedrichsen in List noch ein dänischer Rundgiebel, teilte das herabfallende brennende Reet und sicherte den Hausbewohnern ihren Fluchtweg.

Weitere Veränderungen des Friesenhauses wurden erforderlich, als die Landwirtschaft nach dem Niedergang der Seefahrt zu einer wichtigen Erwerbsquelle wurde. Scheunen und Ställe wurden nun vergrößert und seitlich längs oder quer angesetzt. In der zweiten Hälfte des 20. Jahrhunderts schließlich verlor die Nebenerwerbslandwirtschaft durch die Zunahme des Fremdenverkehrs fast vollständig ihre Bedeutung, und die früher zur Lagerung von Heu dienenden Dachböden wurden zu Fremdenzimmern ausgebaut. Die ursprünglich fensterlosen Reetdächer mussten zu diesem Zweck mit Gauben versehen werden. Längst ist natürlich auch das Innere der Friesenhäuser dem gegenwärtigen Wohnbedürfnis angepasst. Aber niedrige Wände, Balkendecken, kleinsprossige Fenster und Einrichtungen aus Urgroßmutters Zeit sorgen unverändert für eine gemütliche Atmosphäre. Friesenhäuser haben wegen ihrer Wohnqualität einen hohen Liebhaberwert, der ein Mehrfaches des Realwerts beträgt. Die Folge ist, dass ein großer Teil der Sylter Friesenhäuser nach Generationswechseln und Erbschaftsfällen an kapitalkräftige Auswärts-Insulaner verkauft wurden.

Das schönste Beispiel eines im Originalzustand erhaltenen Friesenhauses bietet das Altfriesische Haus in Keitum. Die Räumlichkeiten des als Museum eingerichteten ehemaligen Wohnhauses zeigen die von der Seefahrt und der Landwirtschaft bestimmte Wohnkultur früherer Jahrhunderte. Das Altfriesische Haus wurde um 1739 von dem Kapitän Peter Uwen gebaut und zeigt die typische Zweiteilung in Wohn- und Wirtschaftshälfte. In Letzterer befanden sich Dreschtenne und Stall für die „Nebenbeilandwirtschaft", die vor allem von den Frauen der meist abwesenden Seefahrer betrieben wurde. Im Wohnteil dominieren die Wohnstube (fries. Kööv) und der Pesel (Piisel), Letzterer mit einem Alkoven (Wandbett). Die Fliesen an den Wänden des Pesels hat erst der Sohn von Peter Uwen, Bleick Peters, um 1784 aus Holland bringen lassen, ebenso das Schiffstableau über dem Beilegerofen. Der Ofen stand an der Wand zur Küche und wurde von dort aus mit Heizmaterial belegt.

Das Altfriesische Haus in Keitum, erbaut 1739, heute im Besitz der Söl'ring Foriining

Die gute Stube der Friesen, der Pesel, im Altfriesischen Haus in Keitum

Die Sylter Kirchen

Im Gefolge der Christianisierung, die für die nordfriesischen Inseln in die Zeit um 1100 datiert wird, entstanden auf Sylt sechs Kirchen bzw. Kapellen: St. Martin zu Morsum, St. Severin zu Keitum, St. Nicolai zu Eidum, St. Peter zu Rantum mit Marienkapelle sowie St. Jürgen zu List. Von diesen Kirchen sind heute noch zwei vorhanden, nämlich jene zu Morsum und Keitum. Die anderen sind vergangen, verschwunden im Meer oder unter mächtigen Wanderdünen begraben. Ob weitere Kapellen vorhanden waren, ist ungewiss.

Sehr früh, schon im 13. oder 14. Jahrhundert, soll die Kirche St. Jürgen zu List mitsamt dem Ort durch Sturmfluten verwüstet worden sein. St. Peter bei Rantum, auch Westerseekirche genannt, weil sie nahe dem Ufer stand und die Nordsee früher Westsee hieß, wurde ebenfalls frühzeitig ein Opfer des Meeres. Die Kapelle St. Marien stand nahe der Rantumer Ratsburg und versandete mitsamt der Burg so früh, dass keinerlei Nachrichten mehr vorhanden sind. Nur der Name Burgtal südwestlich von Rantum erinnert noch an die Stätte. Später erbaute Rantumer Kirchen erlitten ein ähnliches Schicksal. Sie mussten mehrfach vor den heranrückenden Dünen abgebrochen und nach Osten versetzt werden, zuletzt noch 1757. Aber auch diese letzte der Alt-Rantumer Kirchen mit dem Patronat St. Peter geriet unter Dünensand und wurde im Jahr 1801 zum Abbruch verkauft.

Einige Sylter Kirchen und Kapellen wurden erst im 20. Jahrhundert gebaut. Westerland konnte schon um 1900 den Andrang in der „Dorfkirche" St. Niels (St.-Nicolai-Kirche) nicht bewältigen. Aber auch die Tatsache, dass für die katholischen Gäste eine Kapelle errichtet worden war, verstärkte die Bestrebungen für eine Großkirche in Westerland. Am 19. Juli 1906 konnte der Grundstein zur neuen St.-Nicolai-Kirche gelegt werden, die bereits am 10. Juni 1908 eingeweiht werden konnte. Nachdem die Alt-Lister Kirche St. Jürgen im Dunkel der Geschichte versunken war, wurde sie 1935 im Zusammenhang mit der umfangreichen Besiedlung durch das Militär neu errichtet. Kennzeichnend ist der kompakte Bau mit dem gedrungenen Turm. Bevor die Kirchengemeinde List 1949 selbstständig wurde, wurde die St.-Jürgen-Kirche von der Keitumer St.-Severin-Kirche betreut.

Auch die St.-Peter-Kirche von Rantum ist nach dem Untergang mehrerer Vorgänger wieder auferstanden. Nach einem Entwurf von Heinrich Bartzen wurde sie 1964 errichtet und passt sich mit Giebelformen und Reetdach großartig dem Auf und Ab der umliegenden Dünen an. In die Predella des von Prof. Emil Wachter 1997 neu gestalteten Altaraufsatzes ist das naive Abendmahlsbild aus der letzten, unter Dünen begrabenen Alt-Rantumer Kirche integriert und vermittelt die Beziehung zur Vergangenheit. Rantum und Hörnum bilden seit 1948 eine Kirchengemeinde, und auch auf der Sylter Südspitze stellte sich infolge des Bevölkerungszustroms die Frage nach einem neuen Kirchenbau, nachdem Gottesdienste zunächst in Baracken veranstaltet worden waren. 1970 konnte die weiß leuchtende St.-Thomas-Kirche auf hoher Düne geweiht werden. Die eigenwillige Architektur erinnert an Hörnum-Motive wie aufsteilende Dünen sowie Wracks gestrandeter und zerbrochener Schiffe. Älteren Datums ist hingegen die in Wenningstedt in der Nähe des Denghoogs liegende, 1914 errichtete Friesenkapelle. Der trutzige Turm ist gegen den Westwind gebaut, ebenso das weit heruntergezogene, an Friesenhäuser erinnernde Dach.

Die vielleicht älteste Kirche von Sylt ist St. Martin zu Morsum. Sie hat keinen Turm und ragt deshalb – obwohl auf einer Anhöhe gebaut – kaum über die umliegenden Häuser hinaus. Statt des Turms hat St. Martin nur ein schwarz geteertes Glockengestell mit einer Glocke von 1767. Der spätromanische, weiß getünchte Bau mit Schiff, Chor und Apsis hat seine ursprüngliche Form noch weitgehend bewahrt. Zum auffälligsten Inventar gehört ein alter Altaraufsatz mit derbem Schrein, der in der Mitte Gottvater mit dem toten Christus zeigt, links den Kirchenpatron St. Martin und rechts vermutlich St. Severin. Auf den Seitenflügeln sind die zwölf Apostel dargestellt. Der Altaraufsatz, an der Nordwand hängend, stammt aus der Zeit um 1500. Die Kanzlei zeigt auf acht Feldern vergoldete Szenen aus dem Leben Jesu. Bemerkenswert ist auch der gotländische Taufstein aus dem 13. Jahrhundert. Den prächtigen Kronleuchter stiftete das Ehepaar Jan Petersen Hahn und Frau Ing (Engel). Der Ehemann, geboren 1670, war Kommandeur Hamburger Walfangschiffe und ein Bruder des Lorens Petersen de Hahn.

Die St.-Severin-Kirche bei Keitum wird wegen ihrer Dominanz im Landschaftsbild der Insel allgemein als Hauptkirche von Sylt betrachtet. Das Gotteshaus wurde – wie übrigens auch andere Kirchen – auf ehemaligen heidnischen Stätten erbaut, um der Bevölkerung den Übergang zum Christentum zu erleichtern. Der erste Bau entstand im 12. Jahrhundert, wobei es sich anfangs wahrscheinlich um eine Holzkirche gehandelt hat. Schiff, Chor und Apsis der heutigen Kirche ruhen auf einem Granitsockel. Granitsteine bilden auch den Sockel des Turms, der aber erst im 15. Jahrhundert errichtet wurde. Ein gespaltener Findling soll Ing und Dung darstellen, zwei Frauen, die einer Legende zufolge den Turm-

bau finanziert haben sollen. Bemerkenswert sind die getrennten Eingänge für Männer und Frauen im Norder- bzw. Süderportal. Noch weit bis in das 19. Jahrhundert hinein wurde diese Trennung aufrechterhalten. Der Altaraufsatz mit dem Gnadenstuhl im Mittelschrein stammt vom Ende des 15. Jahrhunderts. In den Seitenflügeln sind die zwölf Apostel dargestellt, die, wie die Figuren im Mittelschrein, vor dem vergoldeten Hintergrund des in jüngster Zeit renovierten Altaraufsatzes besonders betont werden. Die Kanzel stammt aus der Zeit um 1580 und wurde der Kirche vom damaligen Pastor Cruppius geschenkt, nachdem dieser sie 1699 für zehn Taler von der Kirche zu Mögeltondern erworben hatte. Das älteste Ausstattungsstück in der Keitumer Kirche ist der romanische Taufstein aus Bentheim. Er wird auf das 12. Jahrhundert datiert. Die Kronleuchter im Chor und über dem Mittelgang sind Stiftungen Sylter Ehepaare vom Ende des 17. Jahrhunderts. Eine Stiftung war auch die Orgel, die der in London lebende Sylter Kapitän Fröd Frödeny 1787 seiner Heimatkirche vermachte. Sie wurde im November 1999 durch eine neue Orgel ersetzt, für die ein anonymer Spender eine Million Mark gestiftet hat. Das Gemälde an der Orgelbrüstung zeigt den Inselchronisten Christian Peter Hansen, der Lehrer und Organist in St. Severin war.

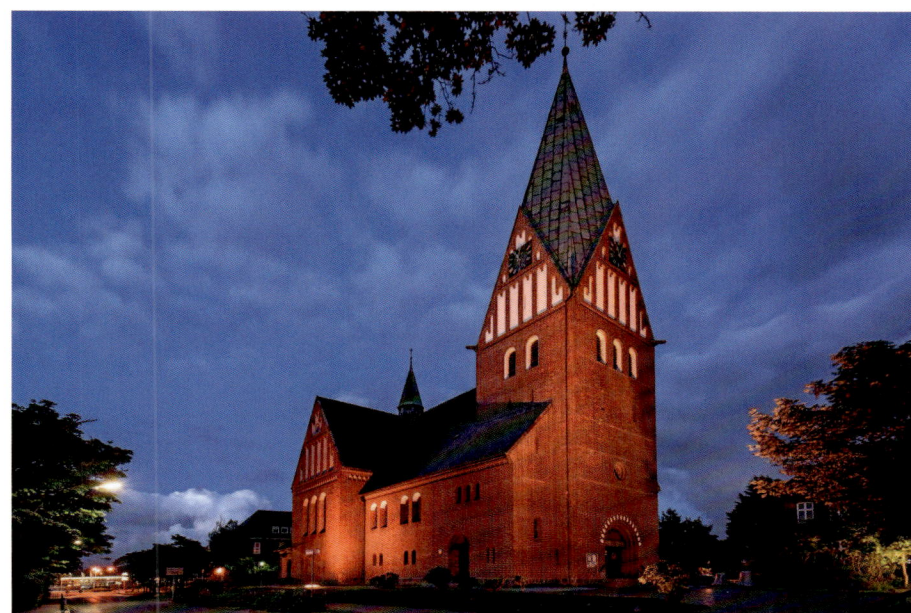

Oben: St. Severin in Keitum, 1240 erstmals urkundlich erwähnt
Unten: Altar von St. Severin aus dem 15. Jahrhundert

Oben: Spätromanische Kirche St. Martin zu Morsum mit „Glockenstapel"
Unten: Die Stadtkirche von Westerland, St. Nicolai

Hartmut Schiller

Das große Fest – Sylter Kulturerbe

Eine Institution auf der Insel pflegt das tradierte kulturelle Erbe: die Söl'ring Foriining (Sylter Verein). Sie wurde am 28. März 1906 in das Vereinsregister eingetragen. Dem Gründungsvorstand gehörten ein Pastor, ein Redakteur, ein Lehrer, ein Brandkommissar, ein Badearzt und ein Gastwirt an. Eine Zusammensetzung, die mit dem aktuellen Vorstand durchaus vergleichbar ist. Anlass für die Gründung war die Schaffung eines Heimatmuseums und die Bewahrung des Altfriesischen Hauses, das von Christian Peter Hansen, dem geistigen Vater der Foriining, einst bewohnt wurde. Mit dem folgenden Aufruf warb der gerade ins Leben gerufene Verein zur Gründung eines Sylter Dorf- und Heimatmuseums auf:

Der unterzeichnete Verein für Heimatkunde auf der Insel Sylt wirbt um Unterstützung bei allen, die unserer Insel Interesse und Liebe entgegenbringen. Im alles ausgleichenden Strom der Entwicklung und des Verkehrs, in den unser Fleckchen Erde mitten hineingeworfen ist aus seiner Abgelegenheit heraus, schwindet alte Sylter Eigenart und Sprache, Sitte immer mehr. Eigenartiges Volkstum bildet aber gerade einen großen Reiz für Fremde; das wollen unsere Gäste hier sehen und kennenlernen.
So wollen wir in einem Sylter Heimatsmuseum sammeln und festhalten, was von des Landes Geschichte und Gesittung erzählt und ein Bild des alten charaktervollen Sylt bietet. In der Gestalt eines altsylter Hauses soll es vor uns stehen. Treue Heimatliebe der Insulaner ist seit wenigen Jahren bemüht, zu sammeln und der Öffentlichkeit zugänglich zu machen, was von der Väter Zeit redet. Das „Altfriesische Haus" in Keitum birgt die ersten Anfänge des geplanten Museums. Wir brauchen aber größere Mittel, um zum Ziele zu kommen. Darum werben wir bei unsern Gästen um Mitarbeit. Im vergangenen Jahre

hat der Gedanke eines solchen Museums lebhaften Anklang gefunden. Nun wollen wir weiter.
Einmalige Gaben werden dankbar begrüßt. Jede Unterstützung ist willkommen.
Söl'ring Foriining, eingetragener Verein

Die Ausdruckweise mag antiquiert erscheinen, trifft aber bis heute das zeitlose Anliegen!

Das Museumsprojekt zeigte schnelle Erfolge. Schon 1907 konnte das Altfriesische Haus und 1908 das Heimatmuseum mit den von C. P. Hansen zusammengetragenen Ausstellungsstücken der Öffentlichkeit zugänglich gemacht werden. 1928 wurde der Denghoog, ein bedeutendes Jungsteinzeitliches Großsteingrab nördlich der Kapelle von Wenningstedt, von der Söl'ring Foriining erworben und für Besucher geöffnet. Als weiteres Kleinod der Schleswig-Holsteinischen Freilichtmuseen kam die Kampener Vogelkoje 1988 in die Betreuung der Söl'ring Foriining. Auch die Sprach- und Brauchtumspflege gewann schnell an Bedeutung und ist nun unverzichtbarer Bestandteil der Vereinstätigkeit. Die Sitten und Gebräuche der Insel Sylt leben heute im Wesentlichen in der Brauchtumsarbeit der Söl'ring Foriining weiter. Sie sind unter anderem in dem Wirken der Trachtengruppe erkennbar. Diese Brauchtumsarbeit ist immer noch ein zentrales Anliegen des Vereins.

Gerade vor dem Hintergrund des zunehmenden Fremdenverkehrs wurde es immer dringlicher, Teile der friesischen Inselkultur wie die Sylterfriesische Sprache, die Sitten und Bräuche zu schützen und zu erhalten. In den Anfangsjahren der Söl'ring Foriining lag der Schwerpunkt der Arbeit in daher neben der Förderung und Erhaltung des Sylter Brauchtums und in der Bewahrung der Sylter-friesischen Sprache – des Söl'ring. Heute ist diese Aufgabenstellung aktuell wie nie. Schon seit Mitte des 19. Jahrhunderts bangte man um den Fortbestand der Sprache. Gründerjahre, Weltkriege, Integration von Flüchtlingen und Heimatvertriebenen und der immer stärker zunehmende Tourismus führten dazu, dass auf Sylt hauptsächlich Deutsch gesprochen wurde. Nicht zuletzt dem Einsatz der Söl'ring Foriining ist es zu verdanken, dass die Sprache der Inselfriesen noch nicht in Vergessenheit geraten ist und heute wieder vermehrt gesprochen wird. Friesischunterricht in Kindergärten, Schulen und in Abendkursen, friesische Veröffentlichungen und Theaterstücke und regelmäßige Zusammenkünfte friesisch sprechender Menschen haben dazu beigetragen, dass ein neues Bewusstsein über die Bedeutung dieser einzigartigen Sprache geschaffen wurde.

Aktuell ist der Landschaftsschutz eine der großen Herausforderungen unserer Tage. Die Söl'ring Foriining ist der größte Naturschutzverein der Insel Sylt. Sie betreut circa 33 Prozent der Inselfläche. Die Betreuung der zehn Naturschutzgebiete übernehmen sachkundige und geprüfte Referenten. Umfangreiche Pflegemaßnahmen für Flora und Fauna begleiten die Arbeit. Die meisten der Sylter Natur- und Landschaftsschutzgebiete werden von ehrenamtlichen Mitarbeitern der Söl'ring Foriining betreut. Die Aufgaben sind vielfältig; sie reichen von Beobachtungen heimischer Vögel und Zugvögel über die Kartierung der Fauna bis hin zu vorbeugenden Schutzmaßnahmen in den Dünen.

Eines der wichtigsten Betätigungsfelder ist der Versuch, die Belastung der Natur durch zunehmenden Tourismus mit den Bedürfnissen der Besucher in Einklang zu bringen. Gemeinsam mit dem Landschaftszweckverband Sylt und den anderen Naturschutzverbänden wurde ein umfassendes Konzept zur Besucherlenkung erarbeitet und umgesetzt.

Ein weiteres wichtiges Arbeitsfeld der Söl'ring Foriining ist der Küstenschutz. Die Küsten der Insel Sylt sind stark gefährdet. Sie bedürfen dringend schneller Sicherungsmaßnahmen, um die Substanz des Inselkörpers weitgehend zu erhalten. Es gilt unermüdliche Anstrengungen zu unternehmen, um der drohenden Vernichtung einer einmaligen Natur- und Kulturlandschaft Einhalt zu gebieten.

So gehen beispielsweise die Sandaufspülungen, die bis heute immer noch den wirksamsten Küstenschutz darstellen, auf die Initiative der Söl'ring Foriining zurück.

Das Anliegen der Söl'ring Foriining ist Sylt. Unabhängig und überparteilich vertritt sie die Interessen der Insel uneigennützig. Wie viel wäre aus Geschichte und Traditionen der Insel ohne die Söl'ring Foriining verschwunden?

Biike, das Spiel mit dem Feuer. Das große Sylter Fest

Es ist der 21. Februar. Auf Sylt findet an neun Plätzen der Insel das traditionelle Biikebrennen statt. Die Menschen in der nordwestlichsten Region Deutschlands feiern ihr ältestes Fest: das Entfachen gewaltiger Feuer, die den Winter vertreiben sollen. Die Biiken (hochdeutsch „Baken" = Feuerzeichen) lodern zwischen List und Hörnum. Auf einem Pfahl über der Biike symbolisieren ein Teerfass oder eine Strohpuppe den Winter. Sobald das Fass oder die Strohpuppe Feuer gefangen haben, jubeln die versammelten Menschen, und dieses ist der eigentliche Höhepunkt des Biikens. Die Biike sendet ihr Lichtzeichen.

Das Biikefest auf Sylt versetzt die Insel für einige Tage in den Zustand der Hauptsaison. Das Fest wird mehr und mehr zu einem Publikumsmagneten. Die Freunde der Insel scheuen keine Entfernung und Kosten. Sie wollen dabei sein bei dem Fest der Insulaner, das zunehmend auch ein Fest der Gäste geworden ist. Dies unterstreicht die große, von alter Zeit überkommene Bedeutung des Biikebrennens. Es sollte schon in der Vergangenheit den Gemeinschaftssinn, das Zusammengehörigkeitsgefühl stärken: Das Fest war und ist ein Bekenntnis zur Insel. Für die einen ist Sylt Heimat, für die anderen der Platz auf der Welt, den sie zu ihrem Feriendomizil erkoren haben.

Diese gemeinschaftsbildende Komponente, verbunden mit der Stärkung des syltfriesischen Heimatbewusstseins, ließ den berühmten Sylter Inselchronisten C. P. Hansen den Brauch des Biikens wiederentdecken. Er regte seine Landsleute an, es als friesisches Nationalfest im Reigen des Jahres fest zu verankern. Hansen fürchtete die Überfremdung und wollte das Festhalten am friesischen Brauchtum stärken. So beschreibt er das Biikefest:

„Der Hauptakt der Frühlingsfeier war zweifellos das Opferfeuer (Biiken). Die Männer und Jünglinge tanzten mit den Frauen und Jungfrauen im Kranze um die Flammen und um den Hügel herum. Es dauerte dieser heidnische Gottesdienst auf den heiligen Hügeln der Vorfahren noch viele Jahrhunderte nach der Einführung des Christentums in alter Weise fort, nicht etwa im Geheimen, sondern geduldet von den christlichen Priestern und der Landesobrigkeit, weil diese zu ohnmächtig waren, solches zu hindern."

Der tatsächliche Ursprung des Festes liegt im Dunkeln der Geschichte. Das Brandopfer für den germanischen Göttervater, verbunden mit der flehenden Bitte, ein baldiges Frühjahr ins Land

Oben: Grabstein von Kapitän Uwe Peters auf dem Keitumer Friedhof
Unten: Ausschnitt der heutigen Friesentracht der Sylter Frauen

Oben: Fenster mit maritimem Bildmotiv im Rathaus von Westerland
Unten: Der Harhoog am Keitumer Wattufer, eine steinzeitliche Grabanlage

kommen zu lassen, bestand aus kostbaren Brennmaterial, das zur fortgeschrittenen Winterzeit in allen Haushalten knapp wurde. Auch die Deutung als Fruchtbarkeitsfest ist sicher zulässig. „Wenn das brennende Teerfass herabrollte, segnete das Feuer das Land." Also könnte es ein Opferfeuer im Ursprung gewesen sein.

In christlicher Zeit wird die Bedeutung klarer. Das Biikebrennen wurde ein Fastnachtsfeuer. Zu diesem gehören auch die Tänze und Spiele. Das Fastnachtsfeuer wird vom Deezbüller Pastor Petrus Petrejus, der um 1740 als Propst in Garding über die Kirchengeschichte schrieb, folgendermaßen geschildert: „Die auf lange Stangen gebundene und angezündete Strohwische, somit man herumlaufen, getanzt und gesprungen, welches noch vor kurzen Jahren an einigen Orten des Nord Frieslandes um Fastnacht im Schwange gegangen."

Als die Sylter im 17. und 18. Jahrhundert überwiegend zum Walfang in die großen Häfen der Niederlande fuhren, weil die Insel keine ausreichende Existenzgrundlage bot, wandelte sich erneut die Bedeutung der Feuer: Das Biikebrennen und der am folgenden Tage veranstaltete Festtag, der Petritag, wurde zum Abschied für die Seeleute.

Das alte Brauchtum verlor mit dem einsetzenden Fremdenverkehr zunehmend an Bedeutung. Der Verlust von Identität, Tradition und Eigenständigkeit der Sylter Friesen löste bei C. P. Hansen den Impuls aus, zur Bewahrung des alten Brauchtums aufzurufen. Nun lag es an den Schulkindern und ihren Lehrern, den Brauch wiederzubeleben. Für viele Jahre wurden die Biiken in den Inseldörfern von den Dorfschullehrern beaufsichtigt, vor allen Dingen sammelten die Konfirmanden das Brennmaterial zusammen. Heute werden die Biiken von den freiwilligen Feuerwehren aufgebaut.

Bei allen geänderten Formen und Bedeutungen ist für dieses Fest eines zu allen Zeiten aktuell gewesen: die Faszination des Feuers, das augenscheinliche Verschmelzen von Feuer, Wasser, Erde und Luft – das Spiel mit dem Feuer.

Die Konferenz der Kultusminister gab am 12. Dezember 2014 bekannt, dass das Biikebrennen in das nationale Verzeichnis des immateriellen Kulturerbes der UNESCO aufgenommen wurde.

Alkoven im Altfriesischen Haus

Das Biikebrennen am Abend des 21. Februar ist ein uralter Brauch, zu dem sich alle Inselfriesen und Urlauber treffen.

Impressum/Karte

Genehmigte Lizenzausgabe für Weltbild GmbH & Co. KG,
Werner-von-Siemens-Str. 1, 86159 Augsburg
Copyright © Ellert & Richter Verlag GmbH, Hamburg 2016

Quellennachweis:
Der Text von Fritz J. Raddatz mit freundlicher Genehmigung © 2006 by
mareverlag, Hamburg.
Ernst Penzoldt: „Sturm", aus Ernst Penzoldt, Sommer auf Sylt. Liebeserklärung an
eine Insel in Betrachtungen, Episteln, Erzählungen und Bilderbriefen mit farbigen
Zeichnungen des Verfassers. Herausgegeben von Volker Michels.
© Insel Verlag Berlin.

Fotografie: Siegfried Layda, Berlin (außer S. 31 Carsten Stick, Altenholz)
Karte: THAMM, Bosau (Kartengrundlage OSM, ODbL V 1.0)

Umschlaggestaltung: Büro 18, Friedberg (Bay.)
Umschlagmotive: Heinz Wohner | Lookphotos (Vorderseite);
Rainer Mirau | Lookphotos (Rückseite)

Druck und Bindung: Neografia, a.s. printing house, Martin
Printed in the EU

ISBN 978-3-8289-3785-7

Besuchen Sie uns im Internet:
www.weltbild.de